Claudia Haider

Kindergarten / Vorschule

Ich lerne Rechnen

Richtig auf die Schule vorbereiten!

G&G

Inhaltsverzeichnis

Die Aufnahme in den Anhang zur Schulbuchliste für die unten angeführte Schulart, Klasse und den Unterrichtsgegenstand wurde vom Bundesministerium für Bildung, Wissenschaft und Forschung mit BMBWF-5.001/0050-Präs/14/2019 vom 23. April 2019 empfohlen:
für die 1. Schulstufe an Volksschulen im Unterrichtsgegenstand Mathematik

www.ggverlag.at

ISBN 978-3-7074-2178-1

Schulbuchnummer 195.666

In der aktuell gültigen Rechtschreibung

2. Auflage 2020

Illustrationen: Elke Broska

Printed by Brüder Glöckler, Wöllersdorf

Wichtige Arbeitshinweise für Eltern, Lehrerinnen und Lehrer, Pädagoginnen und Pädagogen, Therapeutinnen und Therapeuten

In diesem Buch finden Sie **kurze, vielfältige Übungen und Spiele**, die **optimal auf den Übertritt in die Schule vorbereiten** und **Aufmerksamkeit, logisches Denken** und **Ausdauer fördern**.

- Sorgen Sie beim Arbeiten mit dem Kind für eine **ruhige und entspannte Atmosphäre**!
- **Beginnen Sie** jedes Training **mit dem Spiel**, das Sie auf jeder Seite ganz unten finden! Tipp: Spielen Sie die angeführten Spiele und eigenen Versionen an mehreren Tagen, das stärkt und motiviert!
- **Lesen Sie** die Arbeitsanweisungen **vor** und **besprechen** Sie die Übung! Lassen Sie das Kind **anschließend die Übung mit eigenen Worten erklären**!
- Lassen Sie das Kind möglichst **selbständig arbeiten** und unterbrechen Sie es nicht, wenn es konzentriert arbeitet!
- **Loben Sie** das Kind für die erbrachte Leistung! Besprechen Sie bei fehlerhaften Lösungen die Strategie des Kindes! Findet das Kind einen Fehler, darf es jederzeit selbst korrigieren.
- **Üben Sie kurz, aber regelmäßig** (5-mal pro Woche, jeweils15 Minuten)!

In diesem Band geht es um **Sortieren, Ordnen, Formen, Orientierung im Raum, Zählen, Reihenfolgen, Mengen, Zerlegungen und Vergleiche**. Diese wichtigen Grundlagen sind Voraussetzungen für ein mathematisches Grundverständnis. Das Kind soll diese mathematischen Fähigkeiten bei Schuleintritt beherrschen.
Besonders wichtig ist die **Handlungsebene**. Lassen Sie das Kind die Aufgaben **mit Materialien legen**! Erst, wenn es verstanden hat, was zu tun ist, kann es auf die Bildebene (grafische Darstellung der Aufgabe) und anschließend auf die abstrakte Ebene (nur Rechnung) gehen.
Kinder zählen Dinge anfangs einzeln ab. Nach einiger Zeit können sie **Mengen bis vier auf einmal (simultan) erfassen** und auch z. B. drei Finger spontan zeigen, ohne sie abzuzählen. Weiters hat die Menge fünf eine große Bedeutung, um größere Mengen zu zerlegen bzw. zu bündeln (z. B.: 6 = 5 + 1).

An **Materialien für die Spiele** benötigen Sie unter anderem:
Knetmasse, Schere, Glassteine (Nuggets), Bausteine, Formen, Steinchen, Nüsse, eine Schale, Plättchen, Wolle, Stifte, Becher, Spielwürfel, Eierschachtel ...

Jedes Training erfordert **Geduld und Ausdauer**. **Loben und ermutigen** Sie das Kind!
Ich wünsche allen Kindern **viel Freude und Erfolg** beim Training!

Claudia Haider

Starte mit dem Spiel unten!

Ordne die Dinge der Größe nach! Beginne mit dem kleinsten und zeichne die entsprechende Punktezahl in die Kästchen darunter!

Ich kenn mich aus.
Beim kleinsten Ball zeichne ich **1** Punkt und beim größten **5** Punkte in das Kästchen.

Spielanleitung:

Bereiten Sie ca. zehn bis zwölf Bausteine in drei bis vier unterschiedlichen Größen vor! Das Kind soll die Bausteine der Größe nach sortieren. Stellen Sie dem Kind Fragen: „Von welcher Größe hast du am meisten/am wenigsten? Wie viele hast du von jeder Größe?" Anschließend soll das Kind von jeder Größe einen Baustein nehmen und in einer Reihe auflegen. „Ordne die Bausteine der Größe nach, beginne mit dem kleinsten/dem größten!"

Starte mit dem Spiel unten!

Ziehe alle Dreiecke grün, alle Vierecke rot und alle Kreise blau nach!

Ich beginne mit dem grünen Stift und suche zuerst alle Dreiecke.

Spielanleitung:

Bereiten Sie unter einem Tuch viereckige, dreieckige und runde Formen (drei bis vier je Form) vor! Greifen Sie nun mit beiden Händen unter das Tuch und ertasten Sie eine Form, die Sie genau (rund, eckig, Anzahl der Ecken) beschreiben. Erst nach dem Beschreiben holen Sie die Form unter dem Tuch hervor. War die Beschreibung richtig, dürfen Sie die Form behalten, sonst muss diese wieder zurück unter das Tuch.
Nun ist das Kind an der Reihe.
Spielen Sie mindestens drei Durchgänge!
Wer die meisten Formen hat, gewinnt.

In jeder Reihe passt ein Bild nicht dazu.
Streiche es durch!
Erkläre, warum du es weggestrichen hast!

Ich weiß schon, welches Tier ich in der ersten Reihe wegstreiche.

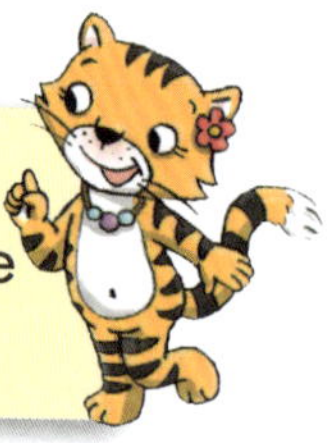

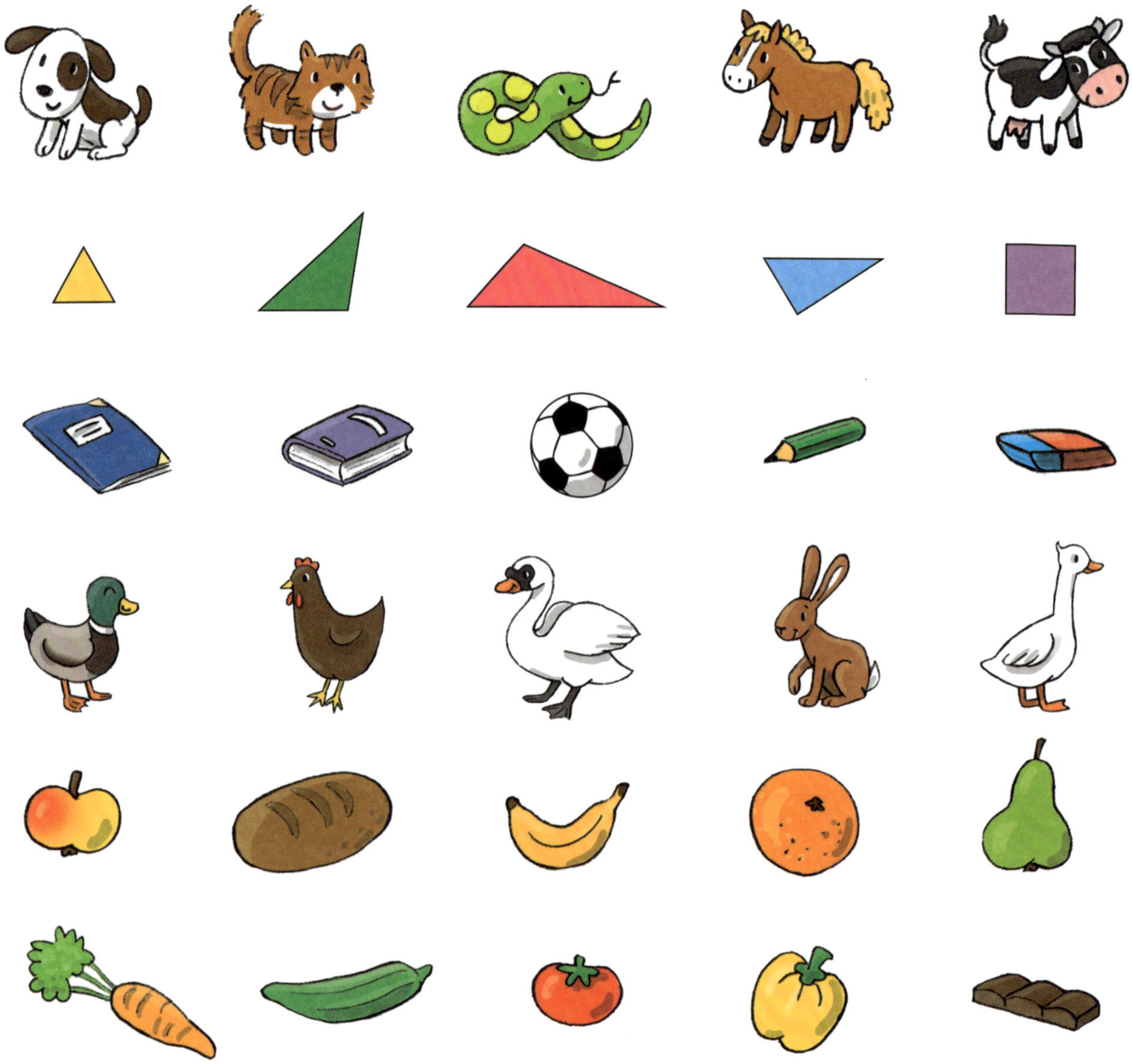

Spielanleitung:

Sammeln Sie abwechselnd Wörter zu bestimmten Kategorien: Haustiere, Spielsachen, Fahrzeuge, Farben, Obst. Das Kind soll für jedes, auch von Ihnen, genannte Wort einen Strich auf ein Blatt machen. In welcher Kategorie können die meisten/die wenigsten Begriffe gefunden werden? Helfen Sie eventuell beim Zählen der Striche.

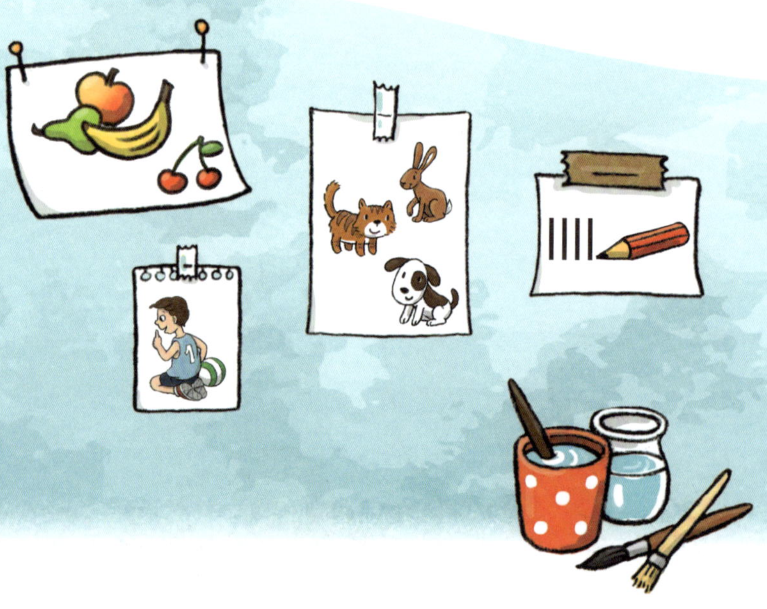

Starte mit dem Spiel unten!

Heute besuchen die Kinder den Zoo.
Kreise **1** ein, wenn du nur **1** Tier siehst.
Kreise **2** ein, wenn du **2** Tiere siehst!

Wenn ich **1** einkreise,
strecke ich **1** Finger hoch.
Wenn ich **2** einkreise,
strecke ich schnell **2** Finger hoch.

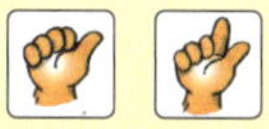

1 2

1 2

1 2

1 2

1 2

1 2

1 2

1 2

Spielanleitung:

Nennen Sie bestimmte Körperteile.
Das Kind soll die genannten Körperteile zeigen und sagen, ob es davon **1** oder **2** am Körper hat. Nase, Kopf, Mund, Bauch, Rücken, Augen, Ohren, Arme, Hände …
Anschließend soll das Kind die Augen schließen. Sie wiederholen die Körperteile. Das Kind soll sie nun „blind" zeigen und wieder **1** oder **2** dazu sagen.

Betrachte die „Bauwerke" der Kinder und sag, wie viele Bausteinen sie jeweils verwendet haben! Kreise alle Werke ein, die aus **3** Bausteinen gebaut wurden!

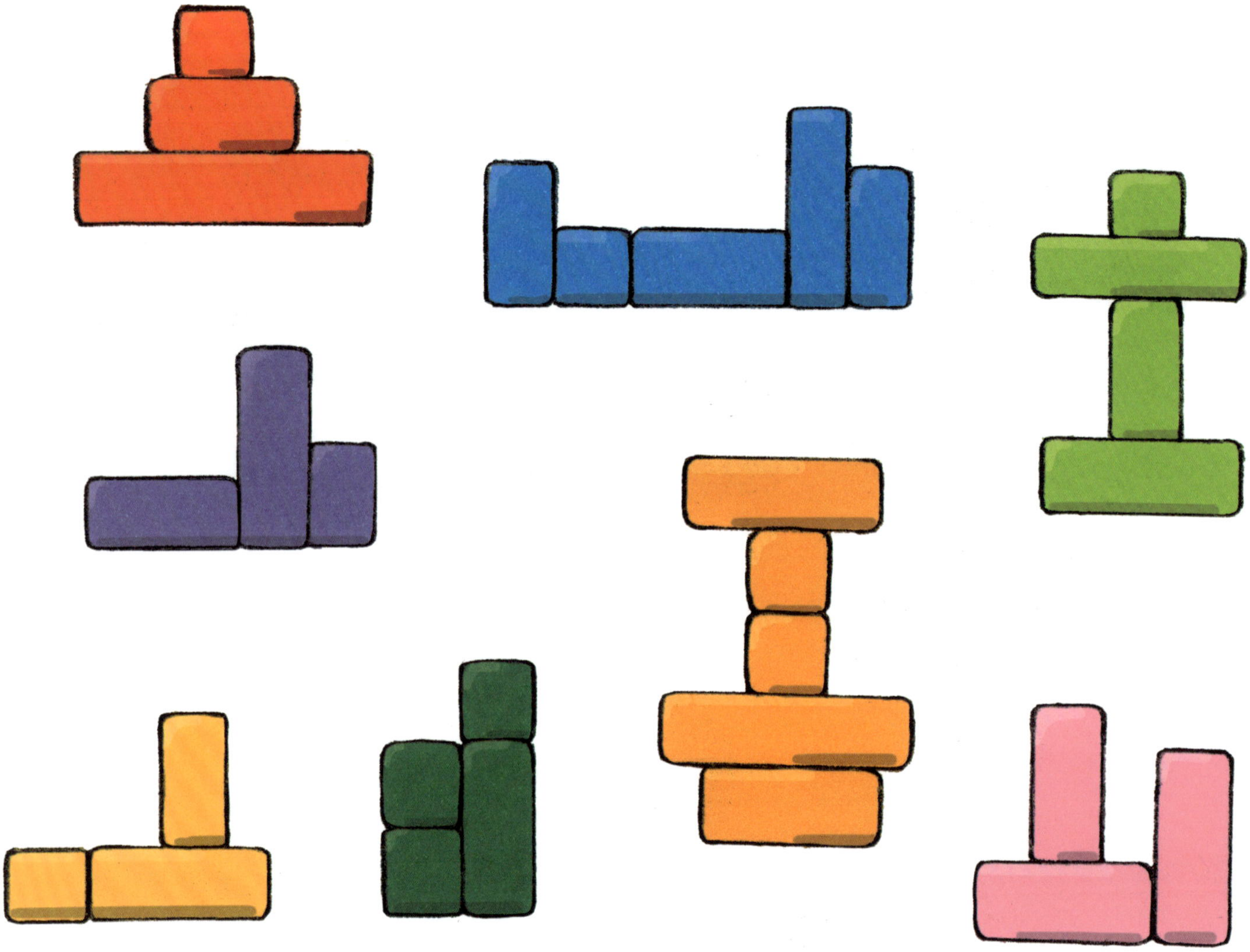

1, 2, 3 – ich bin dabei!

Spielanleitung:

Bereiten Sie zehn Bausteine (Würfel und Quader) vor. Lassen Sie das Kind zuerst mit **3** Bausteinen unterschiedliche Figuren bauen (nebeneinander, aufeinander, liegend, stehend). Anschließend können Sie auf **4**, evtl. auf **5** erweitern.

Im Turnsaal liegen Reifen für ein Spiel.
In einigen Reifen stehen **2** Kinder,
in anderen **3** Kinder. Kreise die richtige Zahl ein!

2 3

2 3

2 3

2 3

2 3

2 3

Spielanleitung:

Bereiten Sie fünf unterschiedliche Legematerialien vor (je vier bis fünf Bausteine, Steinchen, Nüsse, Plättchen …).
Legen Sie fünf Kreise aus Wollfäden auf.
Das Kind soll nun **3** Stück von jedem Material in einen Kreis legen.
Fragen Sie das Kind: „Wie viele **3**er-Mengen sind es?“

Im Wald gibt es viele Tiere.
Kreise alle Tiere mit **4** Beinen ein!

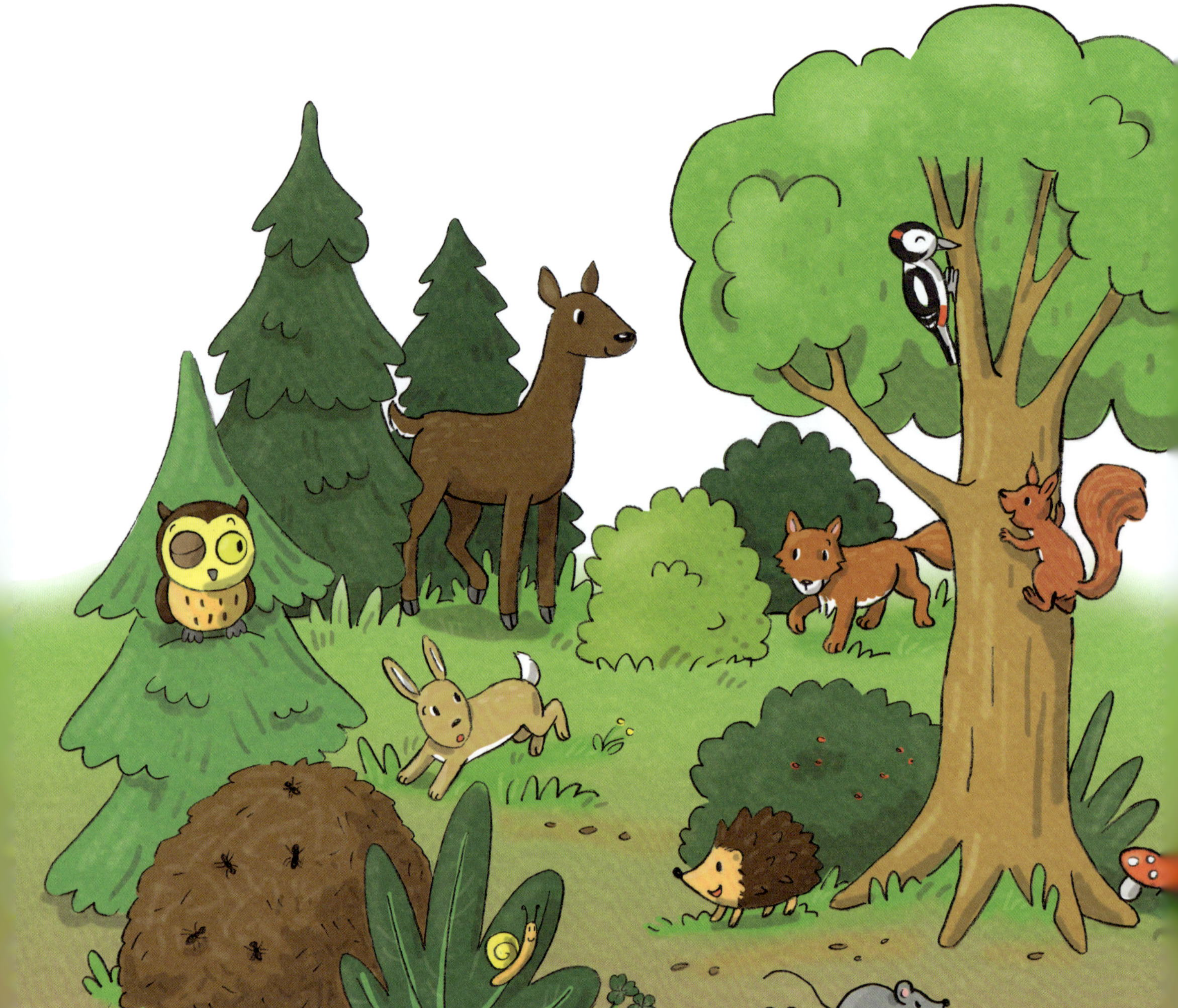

Spielanleitung:

Lassen Sie das Kind eine Musterreihe mit jeweils **4** gleichfarbigen Legematerialien legen (Bausteine, Glasnuggets …).
4 rote Bausteine,
4 grüne Bausteine …
Das Kind soll mindestens drei verschiedene Reihen bauen.

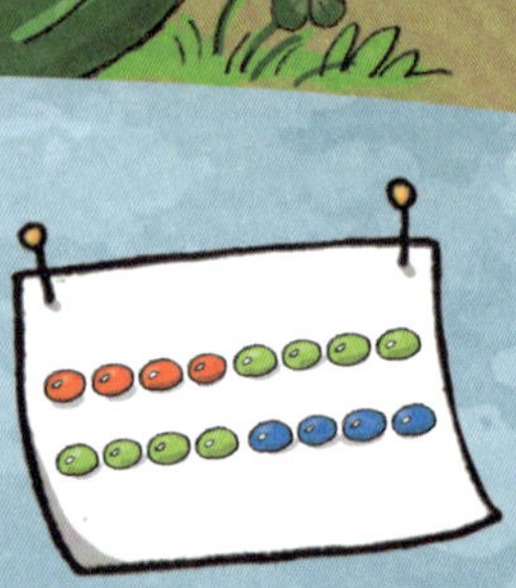

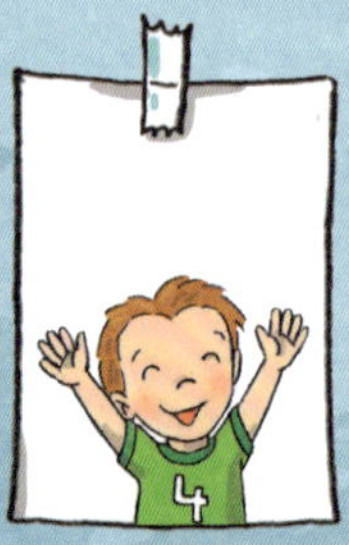

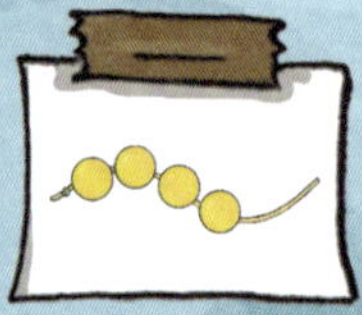

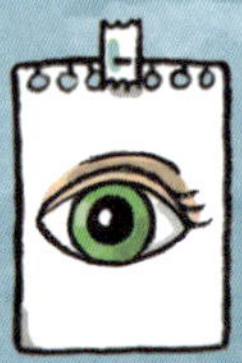

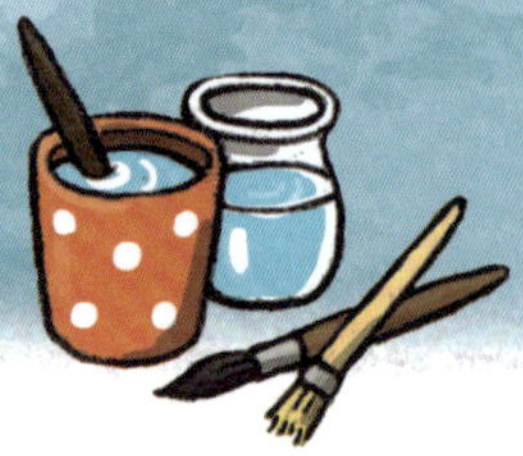

Starte mit dem Spiel unten!

Auf der Wiese wächst Klee. Es gibt dreiblättrige Kleeblätter und vierblättrige Kleeblätter, die Glück bringen sollen. Kreise **3** oder **4** ein! Bemale alle vierblättrigen „Glücksbringer“!

Juhu, ich habe ein vierblättriges Kleeblatt gefunden!

3 4

3 4

3 4

3 4

3 4

3 4

3 4

3 4

3 4

Spielanleitung:

Bereiten Sie fünf unterschiedliche Legematerialien vor (je fünf bis sechs Bausteine, Steinchen, Nüsse, Plättchen …).
Legen Sie fünf Kreise aus Wollfäden auf. Das Kind soll nun **4** Stück von jedem Material in einen Kreis legen.
Frage: „Wie viele **4**er-Mengen sind es?“

Verbinde das Fingerbild mit der richtigen Sternenkarte!

Spielanleitung:

Legen Sie mehrere Dinge (mindestens je fünf Stifte, Bausteine, Kastanien, Nüsse …) in eine Schachtel und breiten Sie am Boden eine kleine Decke oder einen kleinen Teppich aus. Strecken Sie jeweils eine bestimmte Anzahl an Fingern hoch, das Kind legt entsprechend viele Dinge auf die Decke.

Starte mit dem Spiel unten!

Auf der Wiese siehst du eine Schafherde.
Kreise jeweils **5** Schafe ein!

Pass gut auf, dass kein Schaf übrig bleibt!

Spielanleitung:

Bereiten Sie fünf unterschiedliche Legematerialien vor (je sechs bis acht Bausteine, Steinchen, Plättchen …). Legen Sie fünf Kreise aus Wollfäden auf. Das Kind soll nun **5** Stück von jedem Material in einen Kreis legen. Frage: „Wie viele **5**er-Mengen sind es?“

Starte mit dem Spiel unten!

Auf jedem Teller sollen **5** Kekse liegen.
Zeichne die fehlenden dazu!

Spielanleitung:

„Wie viele Finger hast du an einer Hand?“ Lassen Sie das Kind beschreiben und stellen Sie sicher, dass das Kind weiß, wie viele Finger es an einer Hand hat. Nun nennen Sie eine Zahl zwischen **0** und **5**. Das Kind soll die entsprechende Anzahl an Fingern hochstrecken. „Wie viele Finger dieser Hand bleiben eingezogen? Wie viele Finger hast du ausgestreckt? Wie viele Finger sind es zusammen?“ Spielen Sie mindestens fünf Durchgänge!

Starte mit dem Spiel unten!

Beschreibe, was du siehst!
Verbinde das Fingerbild mit dem passenden Obst!

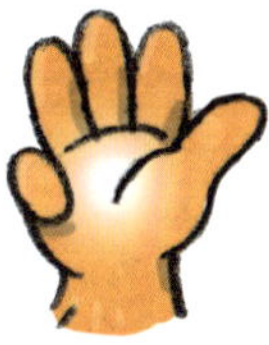

Spielanleitung:

„Zähle bitte vorwärts, so weit du kannst! Beginne bei **3**!“
Nehmen Sie auch die Zahlen **2**, **4** oder **5** als Startzahl.
Lassen Sie das Kind auch einmal rückwärts zählen.
Wiederholen Sie diese Übung an mehreren Tagen.

Auf dem Shirt siehst du das Alter der Kinder.
Lass auf jeder Geburtstagstorte die richtige Anzahl der Kerzen leuchten!

Spielanleitung:

Lassen Sie das Kind alle Zahlen- und Punktekarten von S. 47 ausschneiden und in zwei kleine Schachteln legen. Nehmen Sie nun die Zahlenkarten von **1** bis **5** heraus und legen Sie diese gemeinsam in der richtigen Reihenfolge auf. Sprechen Sie dabei die Zahlen laut mit! Anschließend soll das Kind die Punktekarten von **1** bis **5** richtig zuordnen. Wiederholen Sie diese Aufgabe, dabei soll das Kind die Zahlenkarten möglichst alleine auflegen.

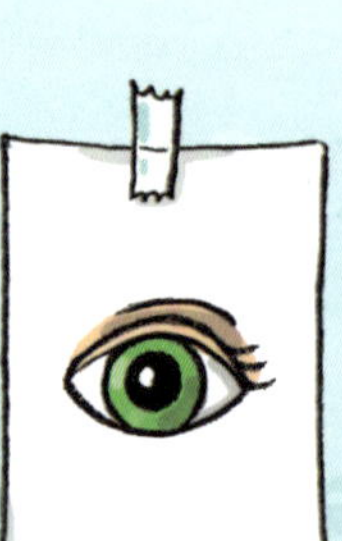

Auf dem Bauernhof leben viele Tiere. Beschreibe, was du siehst!
Mache um gleiche Tiere einen Kreis und verbinde mit der richtigen Zahl!

Welche Tiere haben nur **2** Beine?

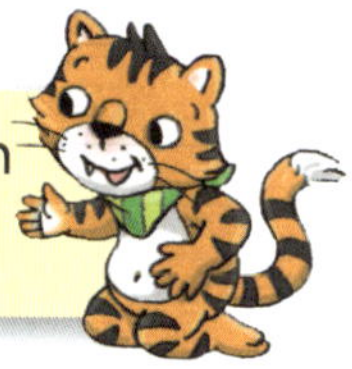

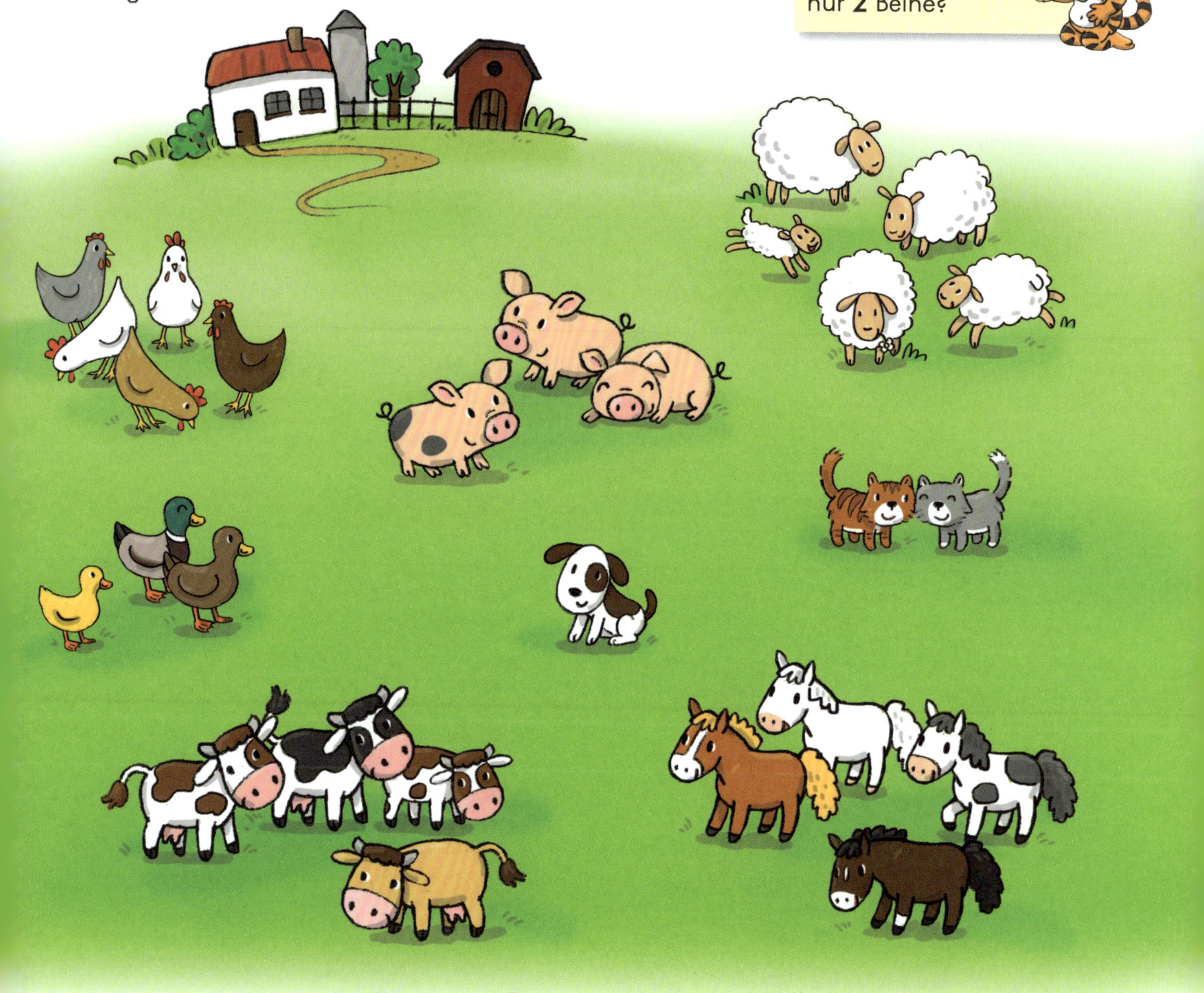

3 2 4 5 3 5 1 4

Spielanleitung:

Nehmen Sie die Zahlenkarten von **0** bis **5** und zeigen Sie jeweils ein Kärtchen hoch. Lassen Sie das Kind die Zahl laut sagen und die entsprechende Anzahl an Fingern zeigen „Zeig mir bitte schnell …!“

Auf dem Becher steht, wie viele Kastanien es insgesamt sind. Ein Teil der Kastanien liegt auf dem Becher. Wie viele sind versteckt? Zeichne die Kastanien, die du siehst, wenn du den Becher hochhebst, auf den Teller! Sprich dazu!

Pass gut auf! Manchmal sind es **5** Kastanien, manchmal sind es nur **4** Kastanien.

5

5

4

5

5

5

4

4

Spielanleitung:

Sie benötigen sechs bis acht Plättchen und eine kleine Schachtel. Lassen Sie das Kind **5** Plättchen in einer Reihe auflegen. Decken Sie nun immer einen Teil mit der Schachtel ab. Das Kind soll dabei kurz die Augen schließen. „Wie viele Plättchen liegen unter der Schachtel?“ Anschließend soll das Kind die Schachtel hochheben und beschreiben, was es sieht. Spielen Sie alle Möglichkeiten (**1** + **4**, **5** + **0**, **2** + **3** …) durch.

An einer Hand hast du **5** Finger. In den Bildern unten sind nicht immer alle Finger sichtbar. Verbinde jedes Fingerbild mit den richtigen Zahlen und sprich dazu!

Wie viele Finger habe ich versteckt?

Spielanleitung:

Zeigen Sie dem Kind jeweils eine Hand. „Wie viele Finger sind an einer Hand?“ Decken Sie nun immer einen Teil der Finger mit einer Mütze oder einem Waschlappen ab. Das Kind soll dabei kurz die Augen schließen. „Wie viele Finger verstecken sich?“ Anschließend soll das Kind die Mütze hochheben und beschreiben, was es sieht. Spielen Sie alle Möglichkeiten (**4** + **1**, **3** + **2** …) durch.

Schau genau und sag, was fehlt! Male in jeder Reihe die fehlenden Würfelaugen dazu!

Beim ersten Beispiel zeichne ich nach **3** Punkten **4**. Ist das richtig?

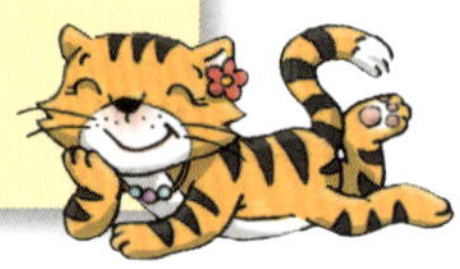

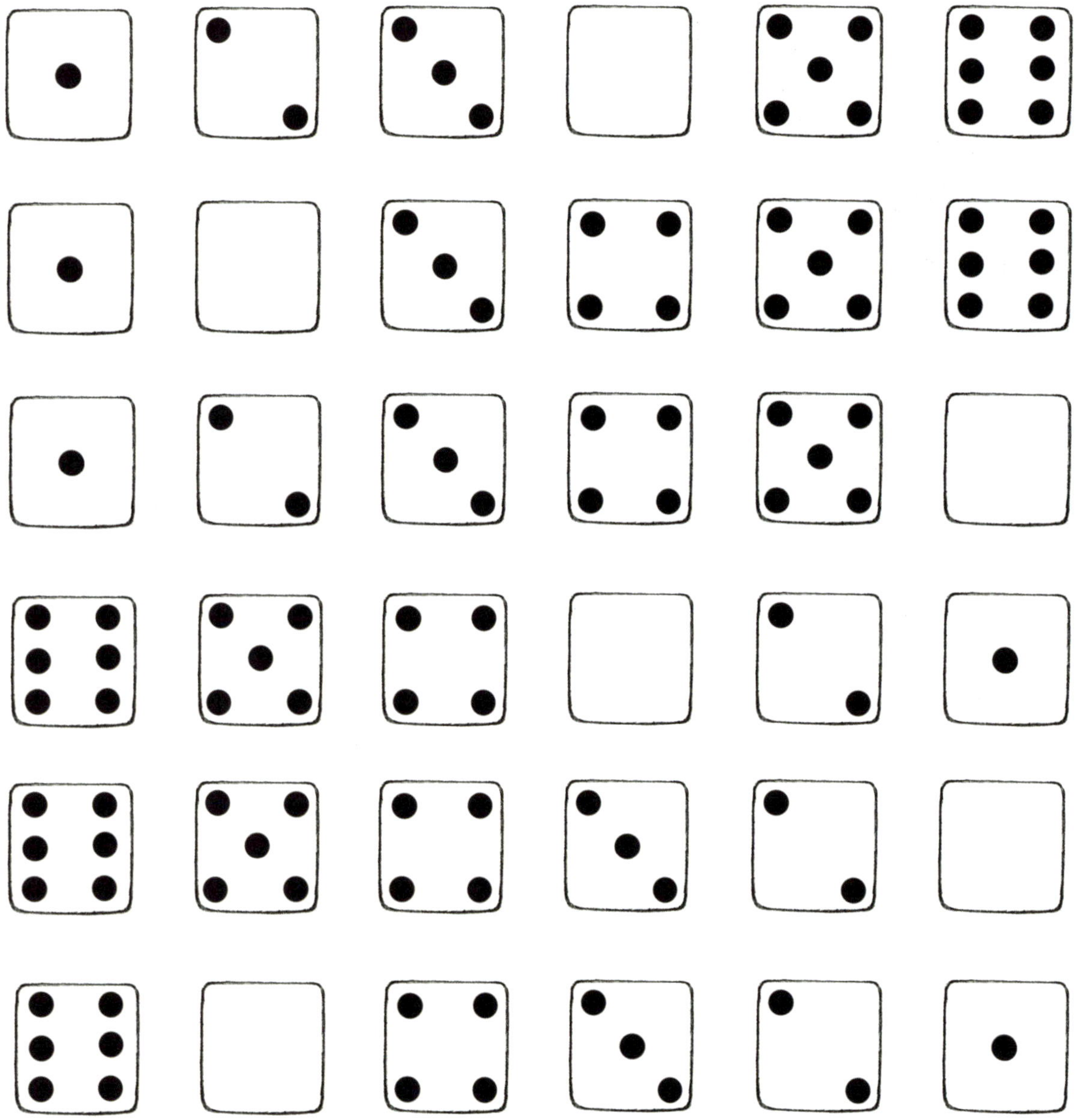

Spielanleitung:

Lassen Sie das Kind die Würfelkarten von Seite 45 ausschneiden und von **1** bis **6** geordnet vor sich auflegen. Setzen Sie sich gegenüber. Verstecken Sie etwa 45 Steinchen unter einem Tuch und nehmen Sie einen Spielwürfel. Sie würfeln abwechselnd. Wer an der Reihe ist, ertastet die gewürfelte Anzahl an Steinen unter dem Tuch und legt sie vor die passende Würfelkarte auf der eigenen Seite. Jede Menge darf nur einmal auf jeder Seite liegen. Bei wiederholtem Würfeln der gleichen Augenzahl muss man pausieren. Wer die Reihe zuerst vollständig hat, gewinnt.

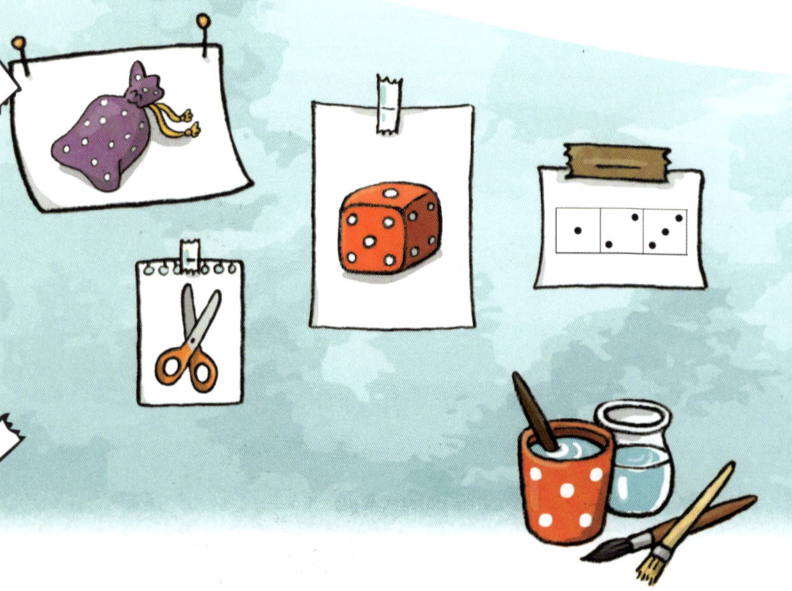

Am Meer kannst du viele unterschiedliche Muscheln finden. Kreise immer **6** Muscheln ein! Nur der Seestern bleibt übrig.

Ich habe einen Kreis aus **6** Muscheln gelegt.

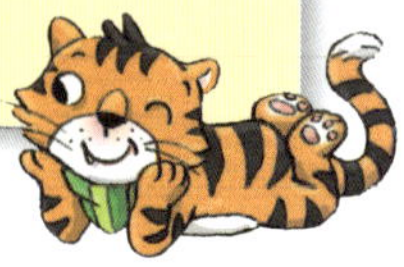

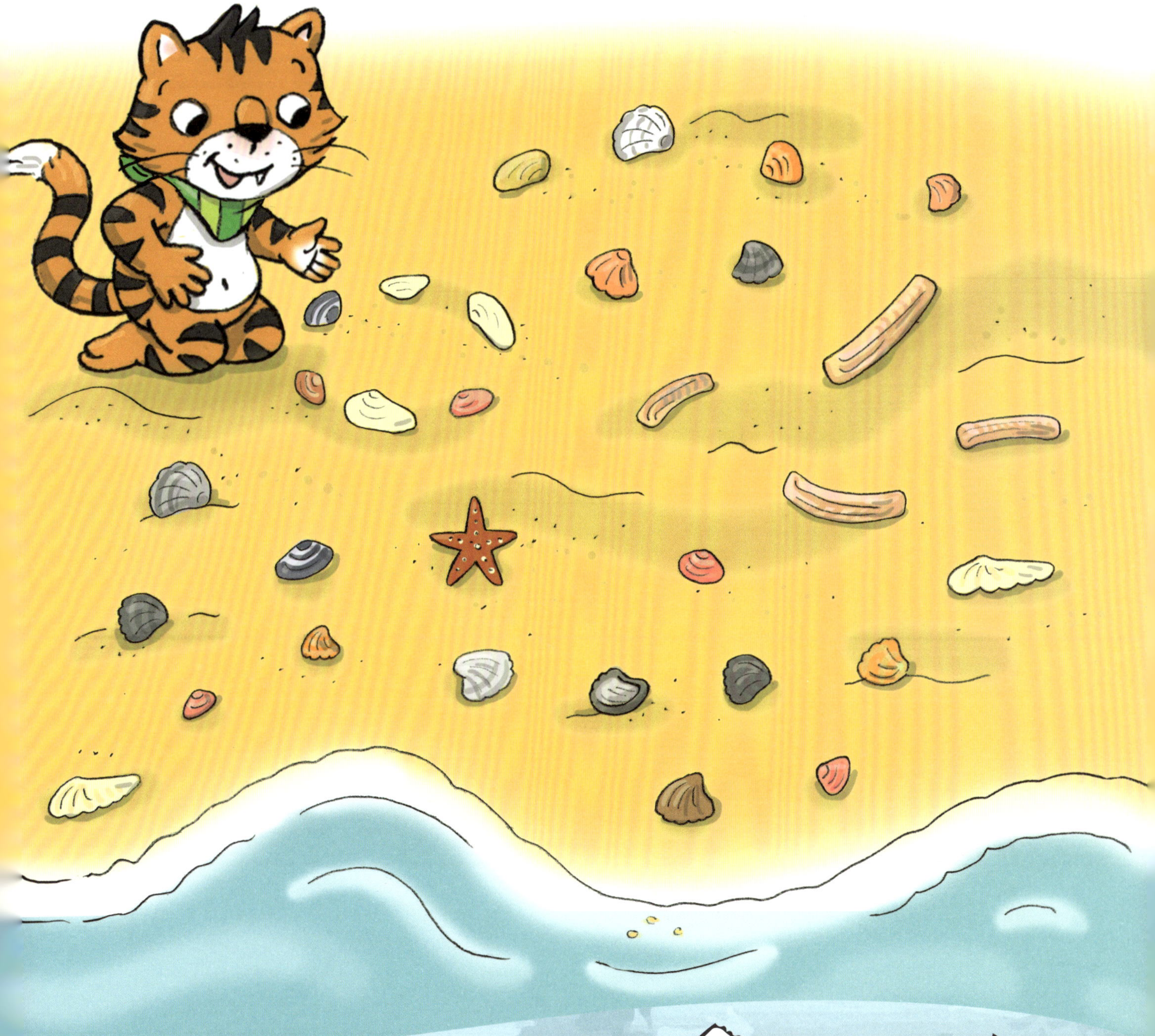

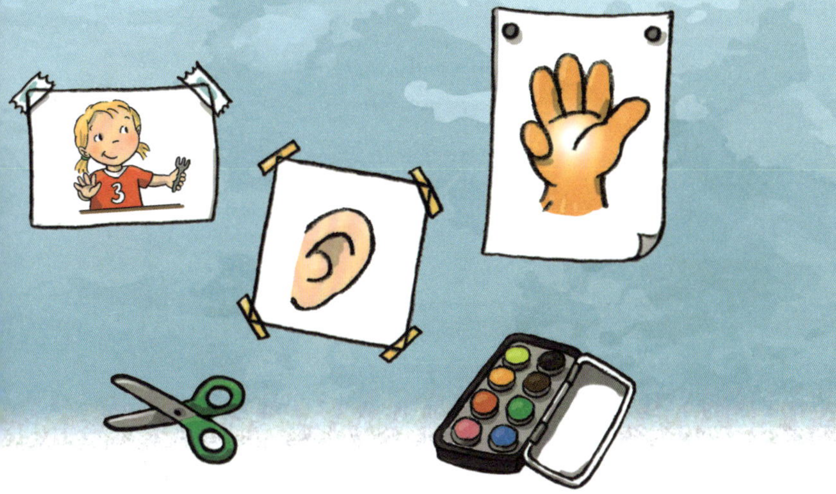

Spielanleitung:

„Wie viele Finger hast du an einer Hand? Wie viel ist um **1** mehr als **5**? Wie viel ist um **1** weniger als **5**? Zeig mir bitte schnell **6, 4, 3 …** Finger!" Üben Sie auch mit **2, 3** und **4** Fingern.

„Zeig mir bitte schnell … Wie viel ist um **1** mehr/um **1** weniger …"

Nach einigen Durchgängen soll das Kind die Fingeranzahl mit geschlossenen Augen zeigen.

Beschreibe, was du siehst! Verbinde jedes Bild mit der passenden Punktekarte!

Ich weiß, dass **3** Punkte und **3** Äpfel zusammengehören.

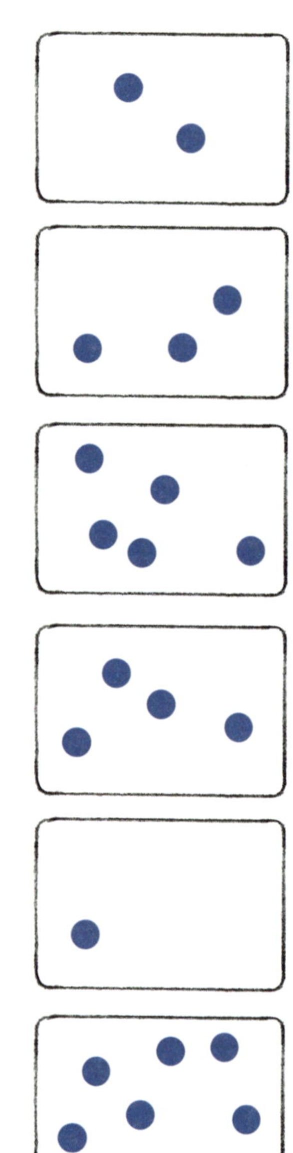

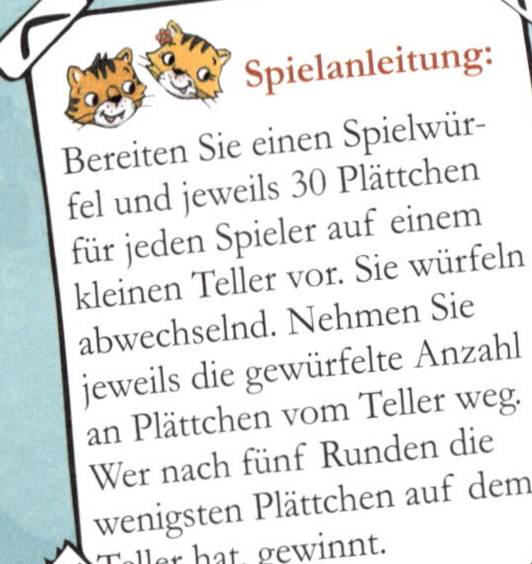

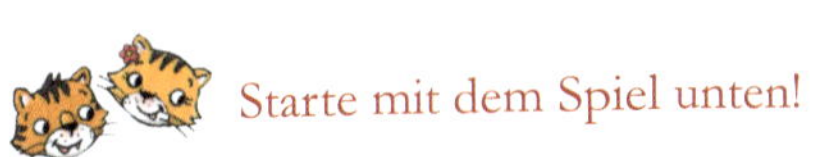

Starte mit dem Spiel unten!

Beschreibe, was du siehst! Wie viele Kinder sitzen im Bus? Kreise die richtige Zahl ein!

Im ersten Bus sitzen noch **4** Kinder!

3 4

2 3

5 6

1 2

3 4

5 6

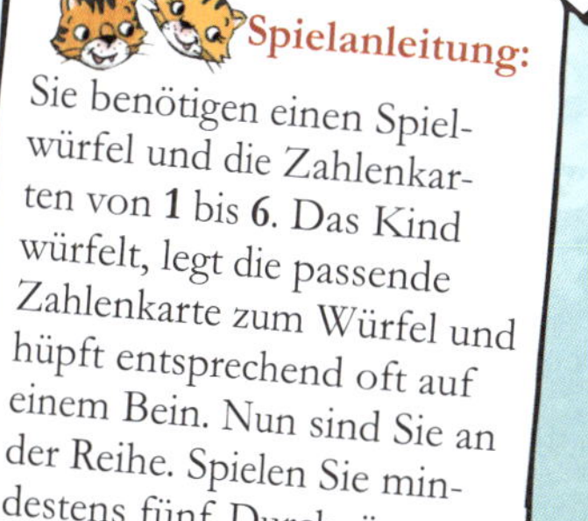

Spielanleitung:

Sie benötigen einen Spielwürfel und die Zahlenkarten von **1** bis **6**. Das Kind würfelt, legt die passende Zahlenkarte zum Würfel und hüpft entsprechend oft auf einem Bein. Nun sind Sie an der Reihe. Spielen Sie mindestens fünf Durchgänge.

Die Kinder spielen im Turnsaal. In jedem Reifen sollen **6** Bälle liegen. Beschreibe, wie viele Bälle bereits da sind und wie viele fehlen! Zeichne die fehlenden Bälle dazu!

Wenn **6** Bälle im Reifen liegen, zeichne ich nichts dazu.

Spielanleitung:

Geben Sie mindestens sechs unterschiedliche Dinge in einen Stoffsack (mindestens je sechs Stifte, Bausteine, Kastanien, Wäscheklammern, Münzen …). Bereiten Sie einen Spielwürfel vor und breiten Sie am Boden eine kleine Decke oder einen kleinen Teppich aus. Lassen Sie das Kind die Zahlenkarten von **1** bis **6** auflegen. Das Kind würfelt, ertastet mit beiden Händen gleiche Dinge in entsprechender Anzahl und legt diese auf die Decke zur passenden Zahlenkarte, z. B.: **5** Nüsse zur Zahl **5**. Ist eine Zahlenkarte bereits belegt, wird noch einmal gewürfelt.

Die Kinder haben Steinmännchen gebaut. Kreise ein, wie viele Steine es sind und sprich dazu!

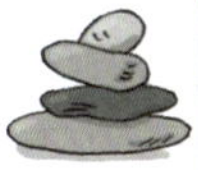

Aus wie vielen Steinen habe ich mein Steinmännchen gebaut?

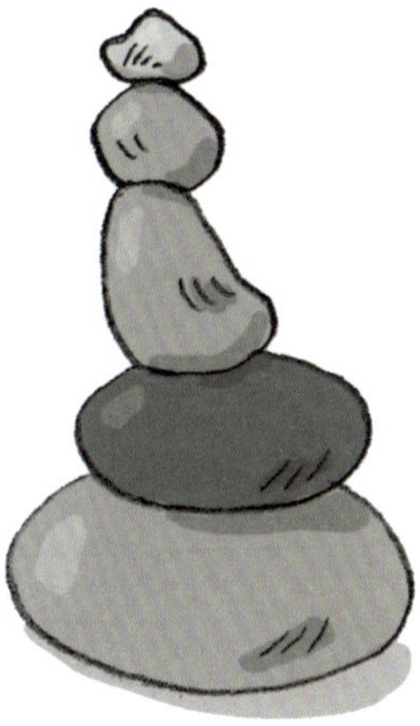

4 5

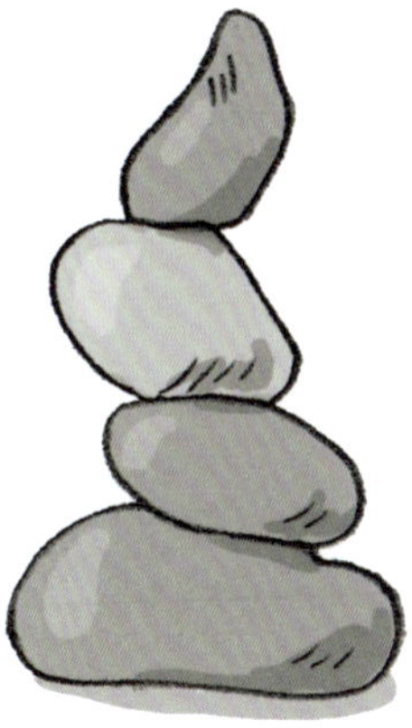

3 4

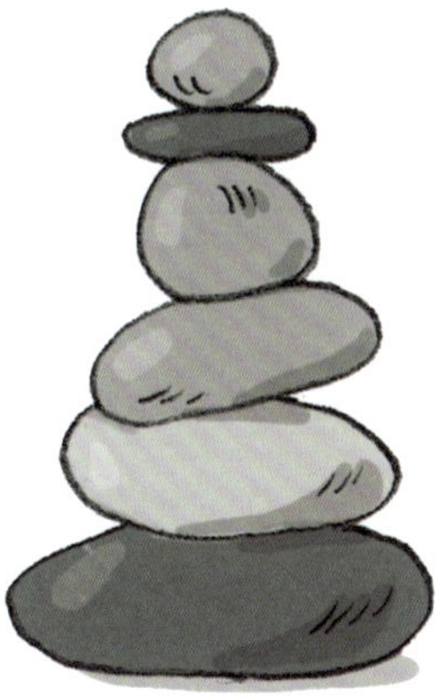

5 6

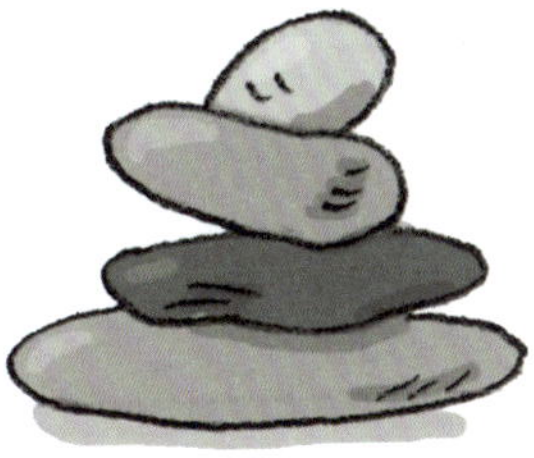

4 5

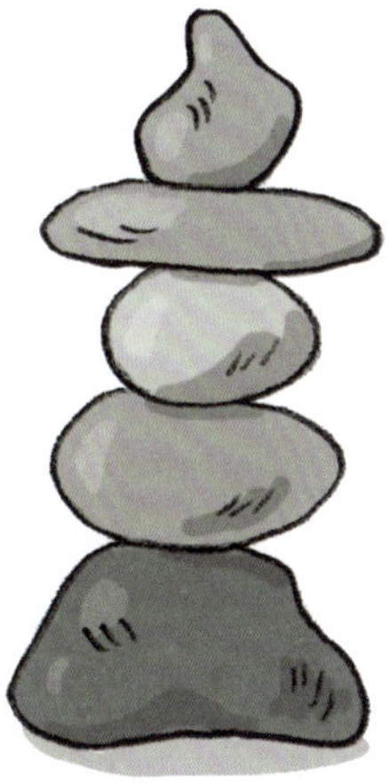

5 6

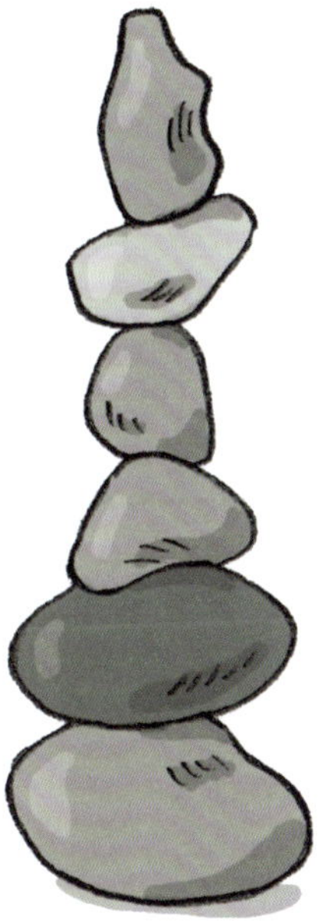

5 6

Mischen Sie die Zahlenkarten von **1** bis **6** und teilen Sie sie auf. Wer **1** hat, beginnt und legt das Kärtchen auf den Tisch. Weiter geht es mit **2**, **3** … Wer kein Kärtchen mehr hat, gewinnt. Spielen Sie mindestens drei Runden. Sie können auch eine absteigende Reihe bilden und mit **6** beginnen.

Starte mit dem Spiel unten!

Vergleiche jeweils das linke Bild mit dem rechten Bild! Beschreibe, was du siehst! Auf welcher Seite sind mehr Sterne? Bemale sie! Kreise ein, wie viele Sterne du jeweils siehst!

Wenn links **3** Sterne sind und rechts **4**, dann muss ich rechts **4** Sterne bemalen, weil es mehr sind.

2 3  | 4 5

4 5  | 3 4

3 4  | 5 6

5 6  | 5 6

Spielanleitung:

Bereiten Sie einen Spielwürfel und etwa 40 Steine vor. Das Kind würfelt und legt die entsprechende Anzahl an Steinen auf den Tisch. Nun würfeln Sie und legen Ihre Menge ebenso auf den Tisch. „Wie viele sind es jeweils? Auf welcher Seite liegt mehr?" Wer mehr hat, darf die Steine behalten. Bei Gleichstand bekommt niemand die Steine. Es werden fünf Runden gespielt. Wer am Ende die meisten Steine hat, gewinnt.

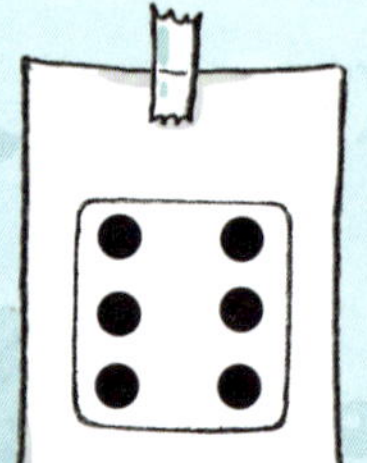

Jedes Kind möchte **6** Haselnüsse in der Hand halten.
Beschreibe, was du siehst und machen wirst!
Zeichne die fehlenden Nüsse dazu!

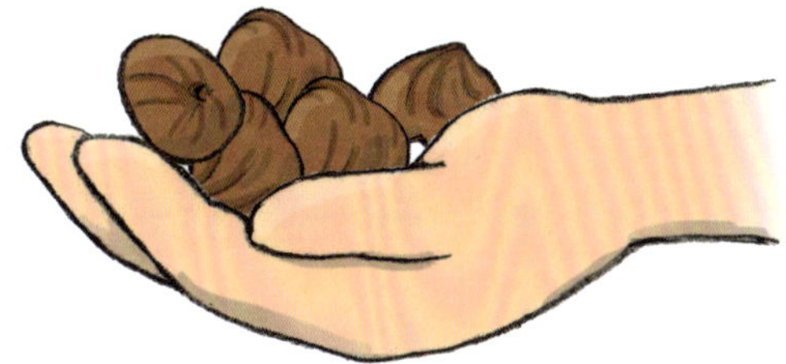

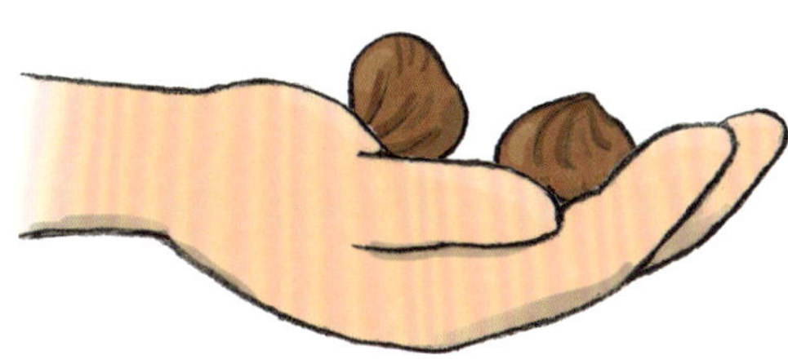

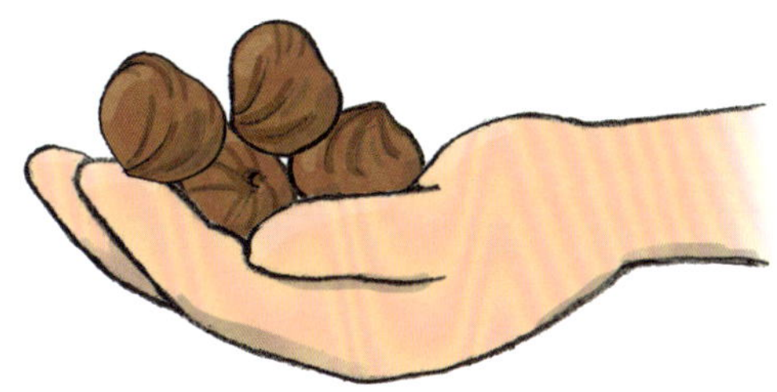

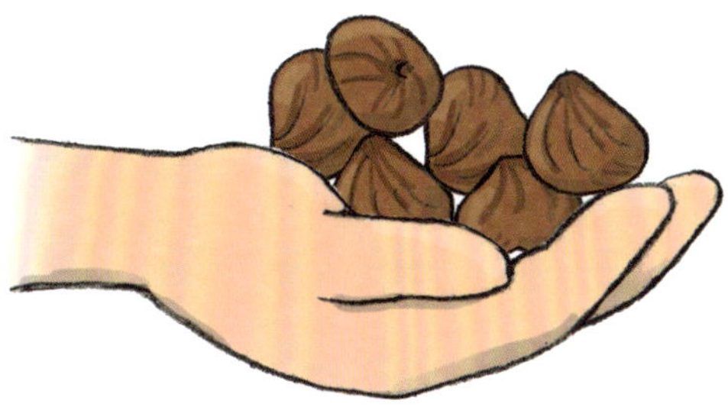

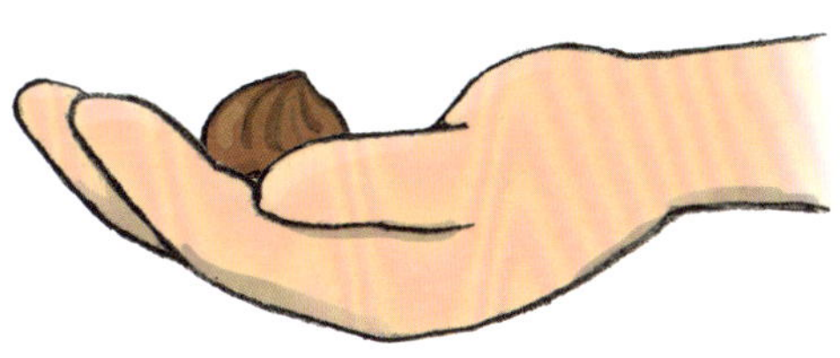

Spielanleitung:

Immer **6**! Bereiten Sie einen Spielwürfel und sechs bis acht Nüsse oder Steine vor. Das Kind würfelt und legt Nüsse, Steine … entsprechend der gewürfelten Augenzahl auf den Tisch. „Du möchtest immer **6** Nüsse haben. Wie viele Nüsse liegen da? Wie viele Nüsse brauchst du noch?“ Lassen Sie das Kind sprechen. Es soll die fehlenden Nüsse dazulegen. Spielen Sie abwechselnd mindestens sechs Runden.

Starte mit dem Spiel unten!

Vergleiche die Türme nebeneinander! Was fällt dir auf? Streiche so viele Würfel durch, bis die beiden Türme nebeneinander gleich hoch sind!

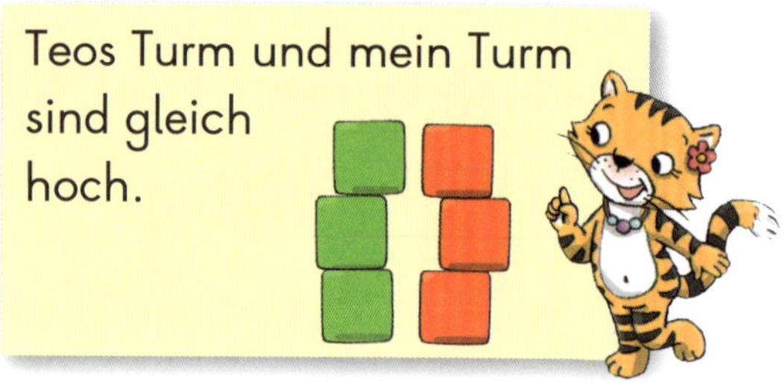
Teos Turm und mein Turm sind gleich hoch.

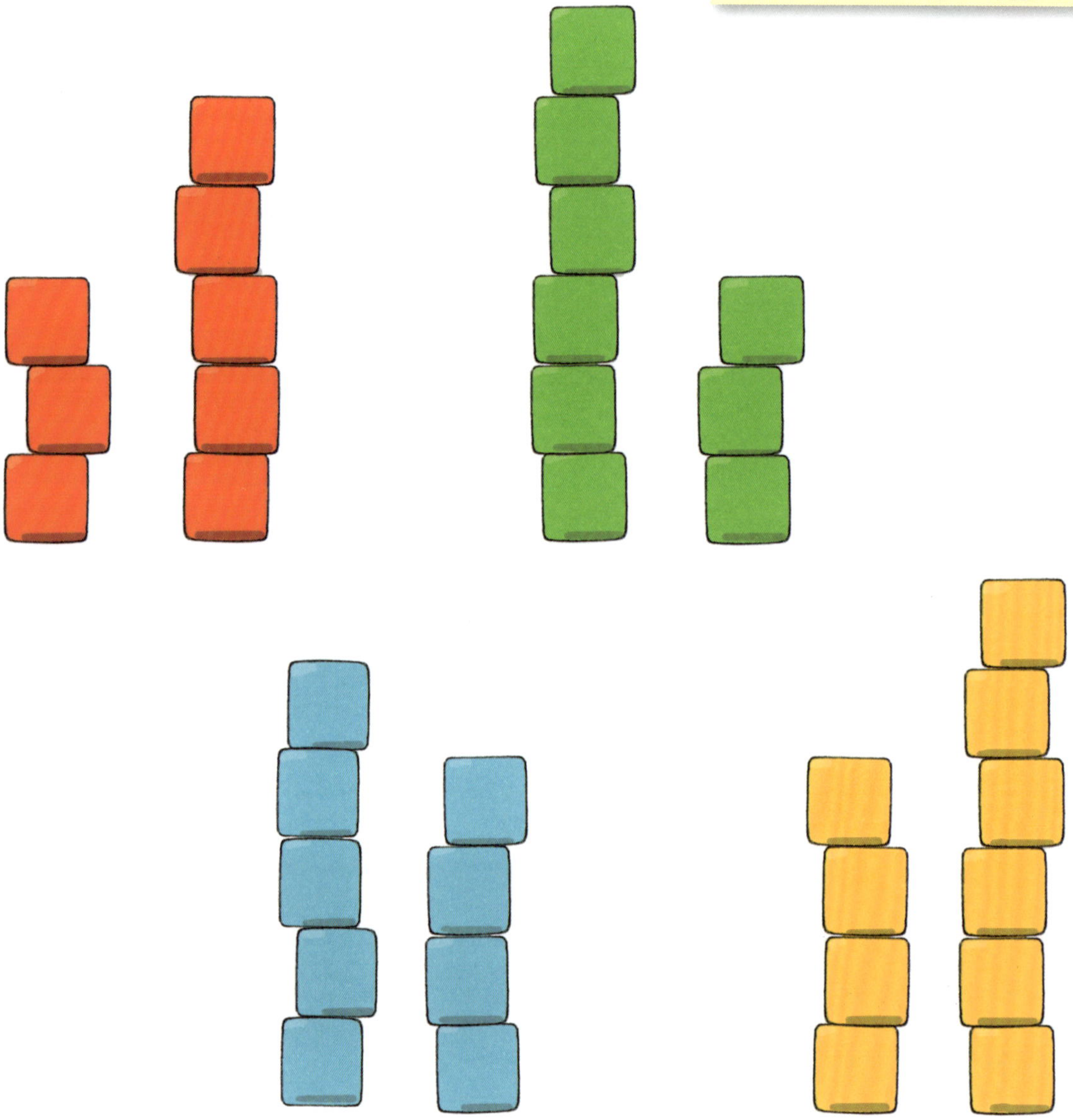

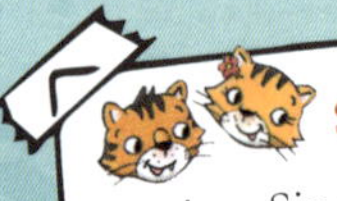

Spielanleitung:

Bereiten Sie zwei Spielwürfel und ca. 15 gleich große Bausteine vor. Beide würfeln gleichzeitig und bauen Türme entsprechend der Augenzahl. Anschließend werden die beiden Türme verglichen. „Um wie viele Bausteine ist der linke Turm höher/niedriger als der rechte? Sind beide Türme gleich hoch?" Spielen Sie mindestens fünf Durchgänge.

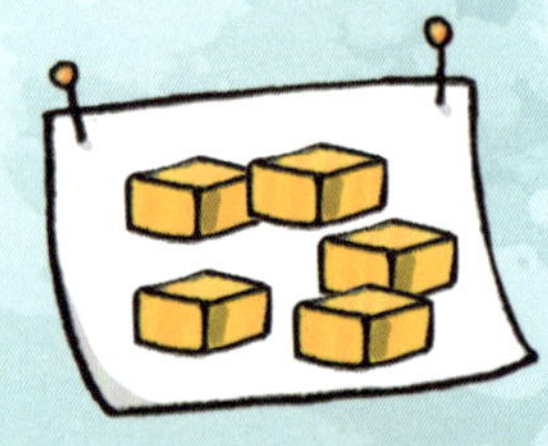

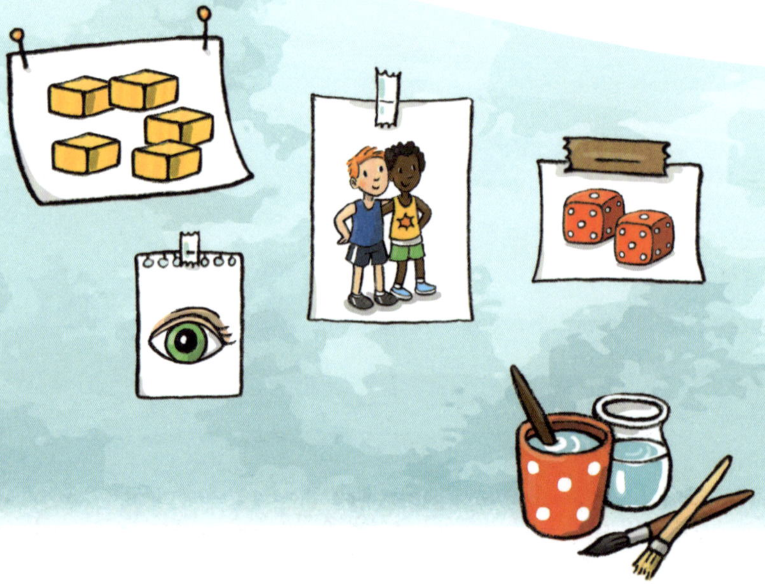

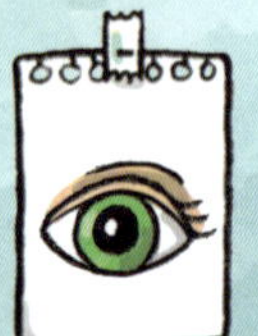

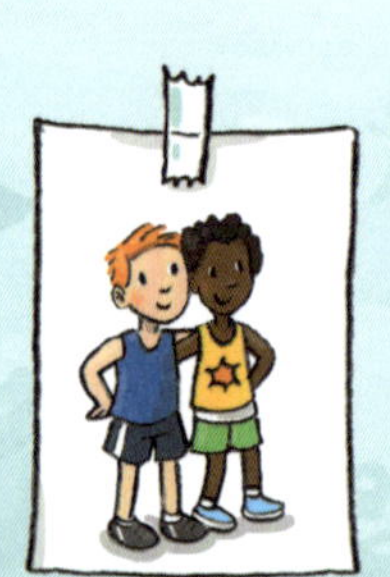

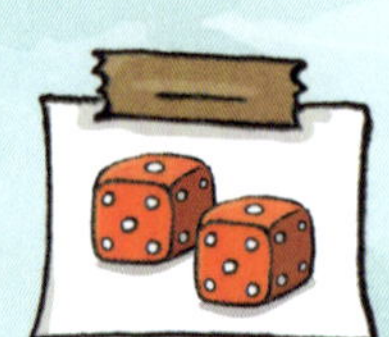

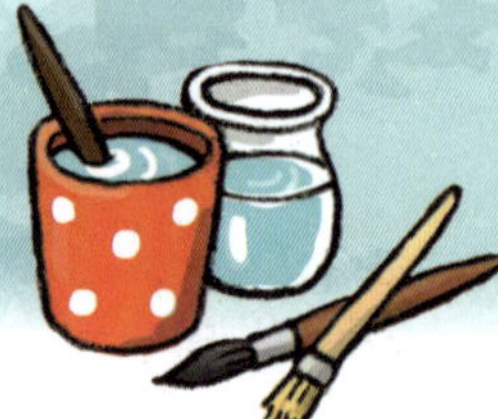

Beschreibe, was du siehst! Verbinde jede Perlenkette mit der richtigen Zahl!

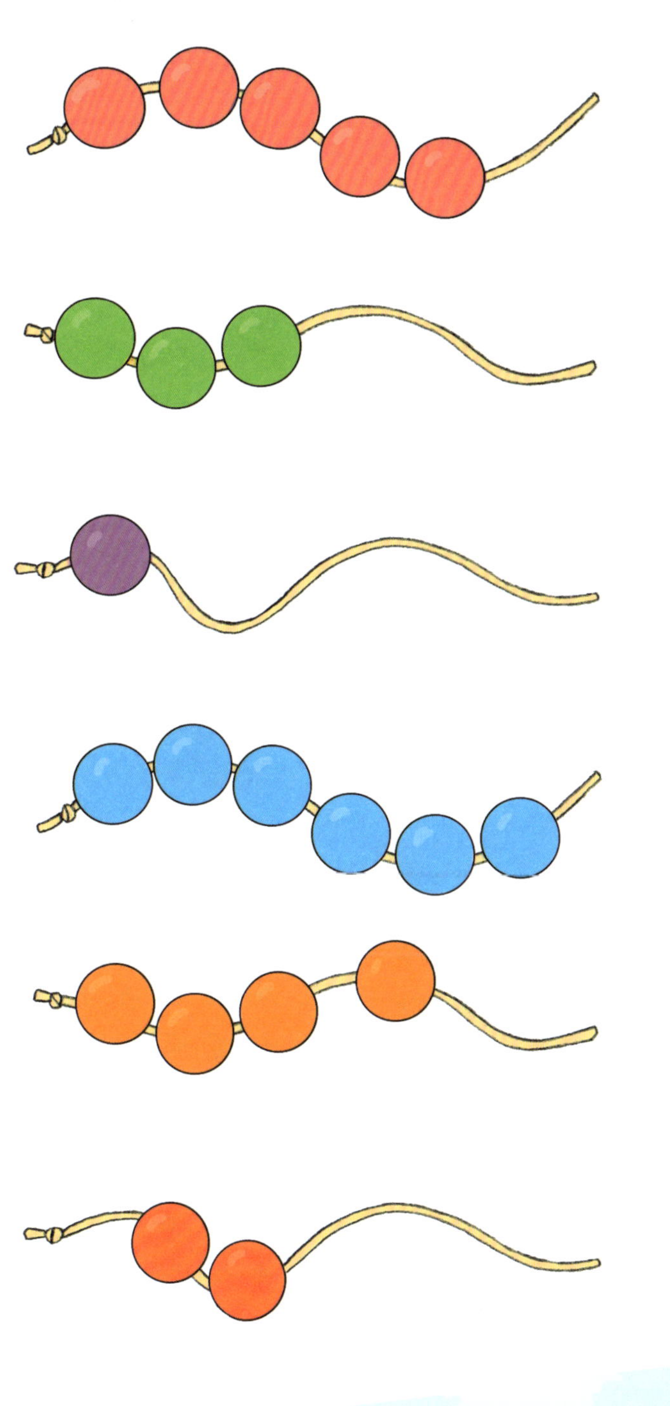

1

3

5

4

2

6

Spielanleitung:

Lassen Sie das Kind die Zahlenkarten von **1** bis **6** auflegen und laut dazu sprechen. Setzen Sie sich gegenüber. Verstecken Sie etwa 45 Steinchen unter einem Tuch und nehmen Sie einen Spielwürfel. Sie würfeln abwechselnd. Wer an der Reihe ist, ertastet die gewürfelte Anzahl an Steinen unter dem Tuch und legt sie vor die passende Zahlenkarte auf der eigenen Seite. Jede Menge darf nur einmal auf jeder Seite liegen. Bei wiederholtem Würfeln der gleichen Augenzahl muss man pausieren. Wer die Reihe zuerst vollständig hat, gewinnt.

Welches Zahlenkärtchen fehlt? Verbinde richtig!
Sprich die Zahlenreihe laut dazu!

0	1		3
3		5	6
2		4	5
3	4		6
	2	3	4
3	4	5	

4

2

5

6

3

1

Spielanleitung:

Bereiten Sie die Zahlenkärtchen **0** bis **6** vor und legen Sie diese durcheinander auf.
Anschließend legen Sie dem Kind jeweils zwei Zahlenkärtchen mit Lücke auf. z. B.: **4 _ 6**
„Welches Zahlenkärtchen fehlt? Lege das richtige dazu und sprich die aufgelegte Zahlenreihe!" Spielen Sie mindestens fünf Durchgänge.

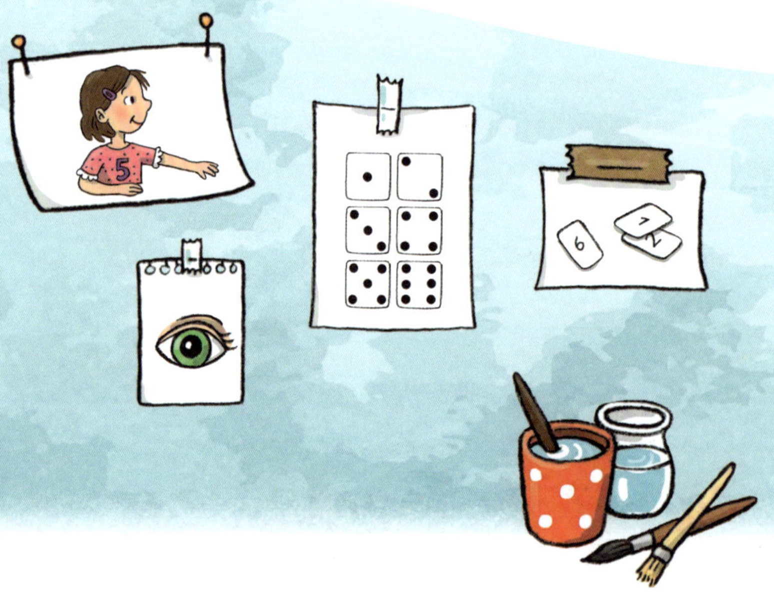

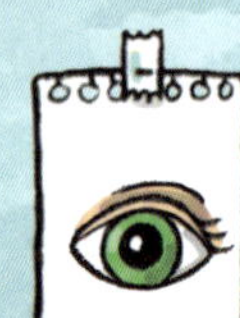

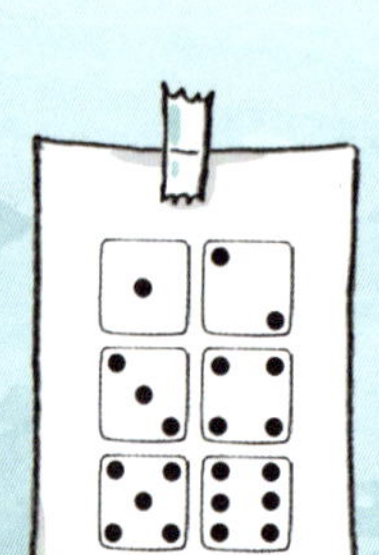

Auf dem Spielplatz gibt es viel zu entdecken. Schau dir dieses Suchbild genau an. Zähle die gesuchten Dinge und kreise die richtige Zahl ein!

Ich liebe Vogelgezwitscher! Findest du alle **6** Vögel?

4 5

3 4

5 6

4 5

5 6

1 2

2 3

2 3

Spielanleitung:

Das Kind soll die Dominokärtchen von S. 45 ausschneiden. Anschließend werden die Kärtchen gerecht verteilt. Wer das Startkärtchen hat, beginnt. Abwechselnd versuchen nun beide ein passendes Kärtchen anzulegen. Wer kein passendes Kärtchen hat, muss pausieren. Wer zuerst alle Kärtchen angelegt hat, gewinnt.

Auf den Hausdächern kannst du sehen, wie viele Menschen in jedem Haus wohnen. Einige sind zu Hause, einige kommen erst von der Arbeit nach Hause. Zeichne die Menschen (Köpfe) dazu, die erst nach Hause kommen und sprich dazu!

Ich habe es am liebsten, wenn alle zu Hause sind.

Spielanleitung:

Bereiten Sie eine Eierschachtel, sechs rote und sechs blaue Bausteine (oder zwei andere Farben) und die Zahlenkarten von **1** bis **6** vor. Zeigen Sie dem Kind eine Zahlenkarte. „Lege die gezeigte Zahl beliebig mit roten und blauen Bausteinen in die Eierschachtel und sprich dazu! Könntest du es noch anders legen?“ Spielen Sie zu jeder Zahl mehrere Varianten durch und lassen Sie das Kind sprechen. Nehmen Sie mindestens drei verschiedene Zahlenkarten.

Starte mit dem Spiel unten!

In jeder Schütteldose sollen **6** Kugeln sein.
Beschreibe, was du siehst!
Dann zeichne die fehlenden Kugeln auf die leere Seite! Bei der leeren Dose darfst du dir die Seite aussuchen.

Alles klar! Wenn **4** Kugeln da sind, zeichne ich noch **2** Kugeln dazu.

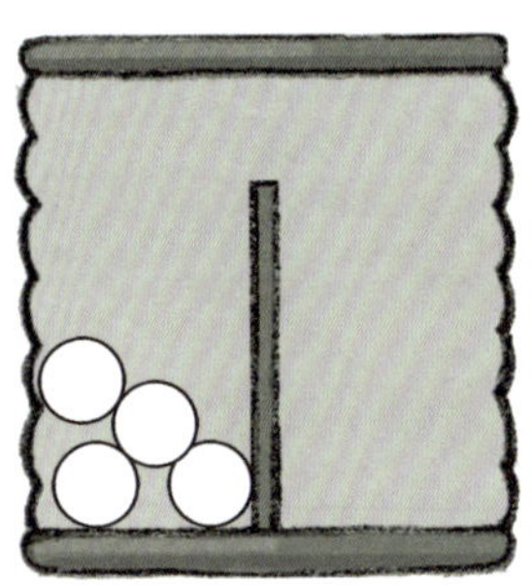

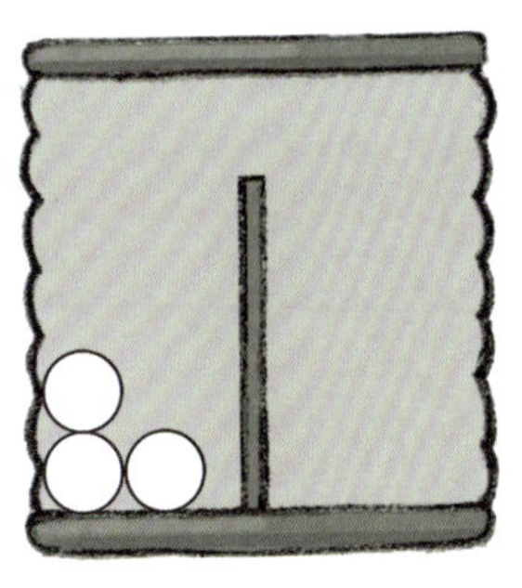

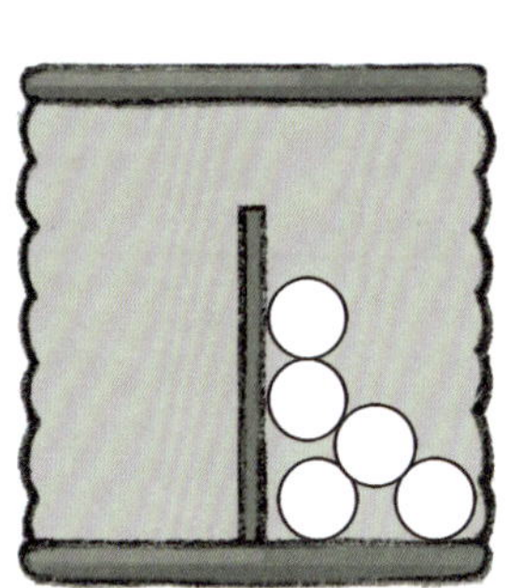

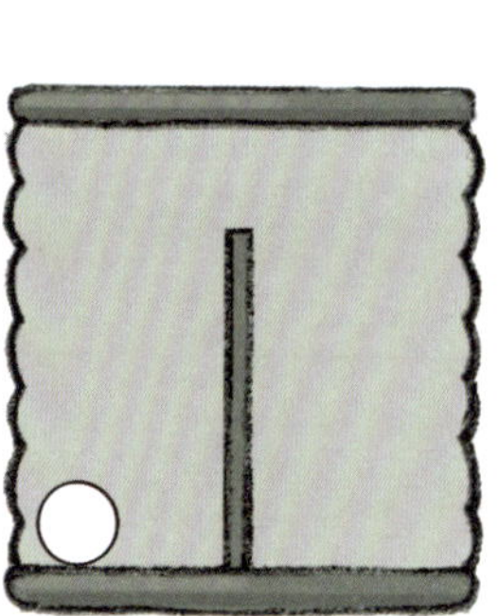

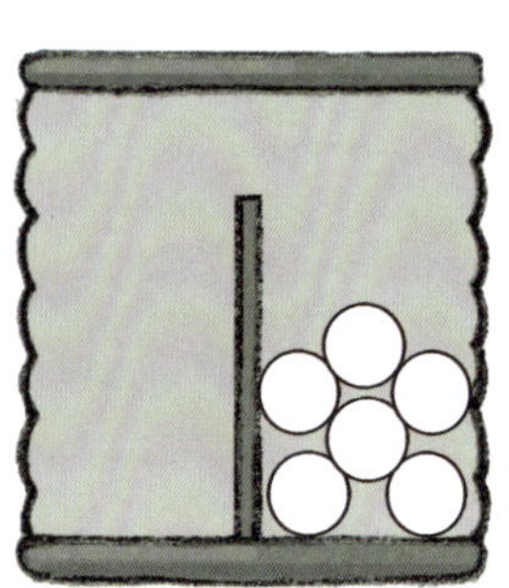

Spielanleitung:

Immer **6**! Bereiten Sie eine Eierschachtel, einen Spielwürfel und mindestens sechs rote und sechs blaue Bausteine (oder zwei andere Farben) vor. Das Kind würfelt und legt rote Bausteine (in jede Vertiefung nur einen Stein) entsprechend der gewürfelten Augenzahl in die Eierschachtel. „Du möchtest immer **6** Bausteine haben. Wie viele rote Bausteine liegen da? Wie viele blaue Bausteine gibst du noch dazu?" Das Kind spricht und legt die fehlenden Bausteine dazu. Spielen Sie mindestens fünf Durchgänge.

Decke den Tisch für **6** Personen fertig! Zeichne die fehlenden Teller, die Gabel links, das Messer rechts neben dem Teller und das Glas rechts über dem Messer ein!

Ich decke zu Hause oft den Tisch.

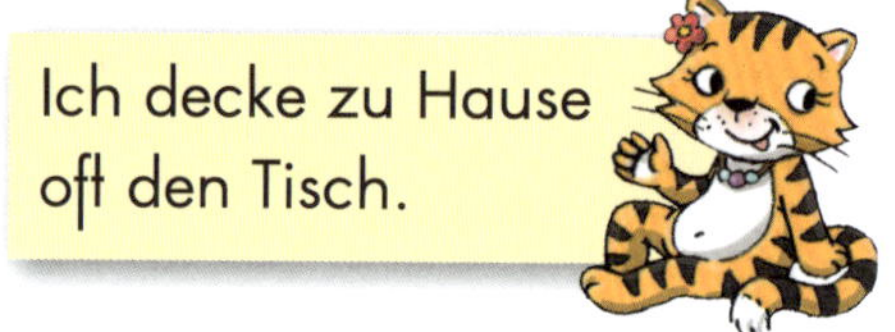

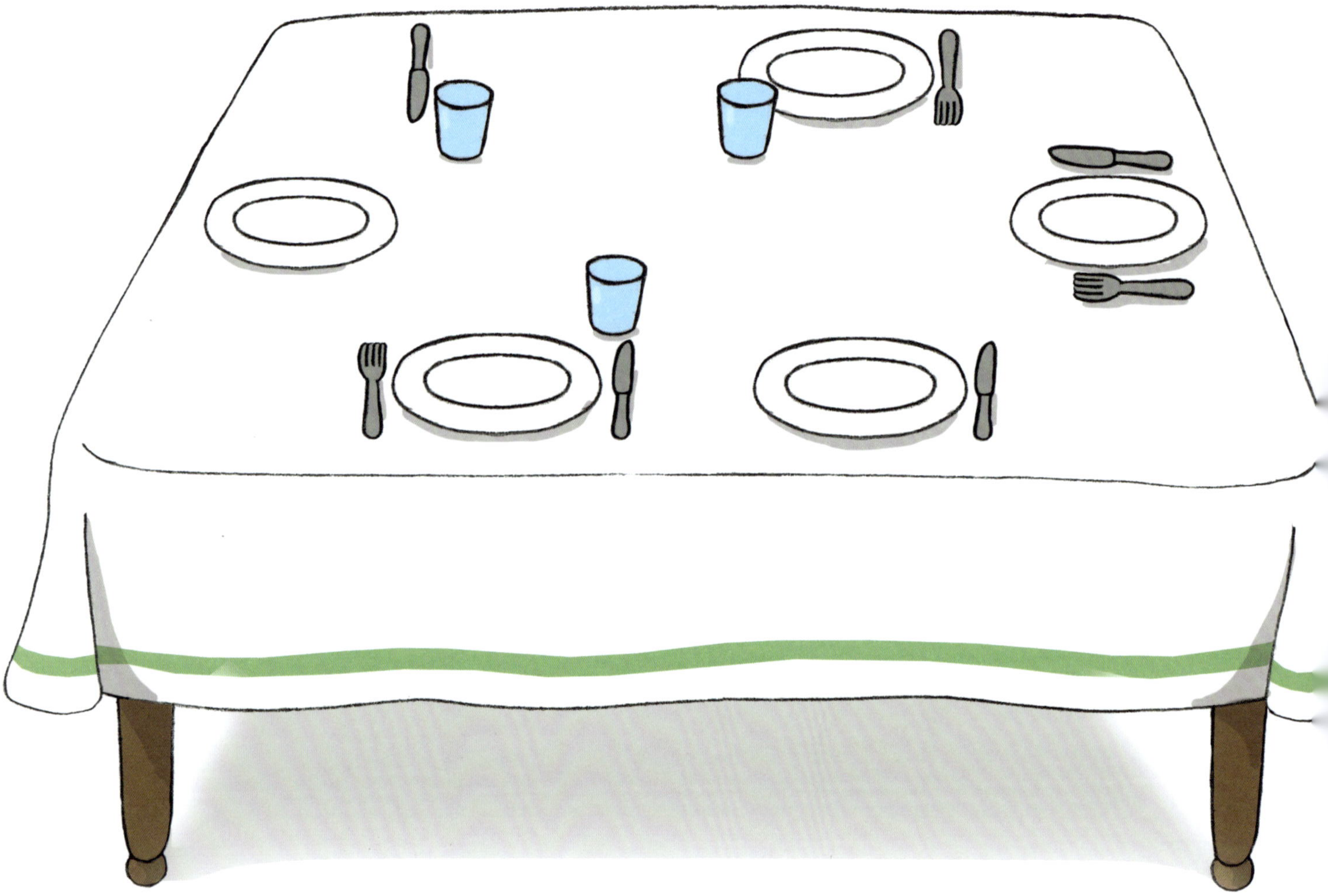

Spielanleitung:
Bereiten Sie einen Spielwürfel und ein Tuch vor. Das Kind würfelt verdeckt (unter einem Tuch) und tupft Ihnen entsprechend der Augenzahl mit dem Finger auf den Rücken. Sie sollen erraten, wie viel das Kind gewürfelt hat. Wechsel! Spielen Sie fünf Runden.

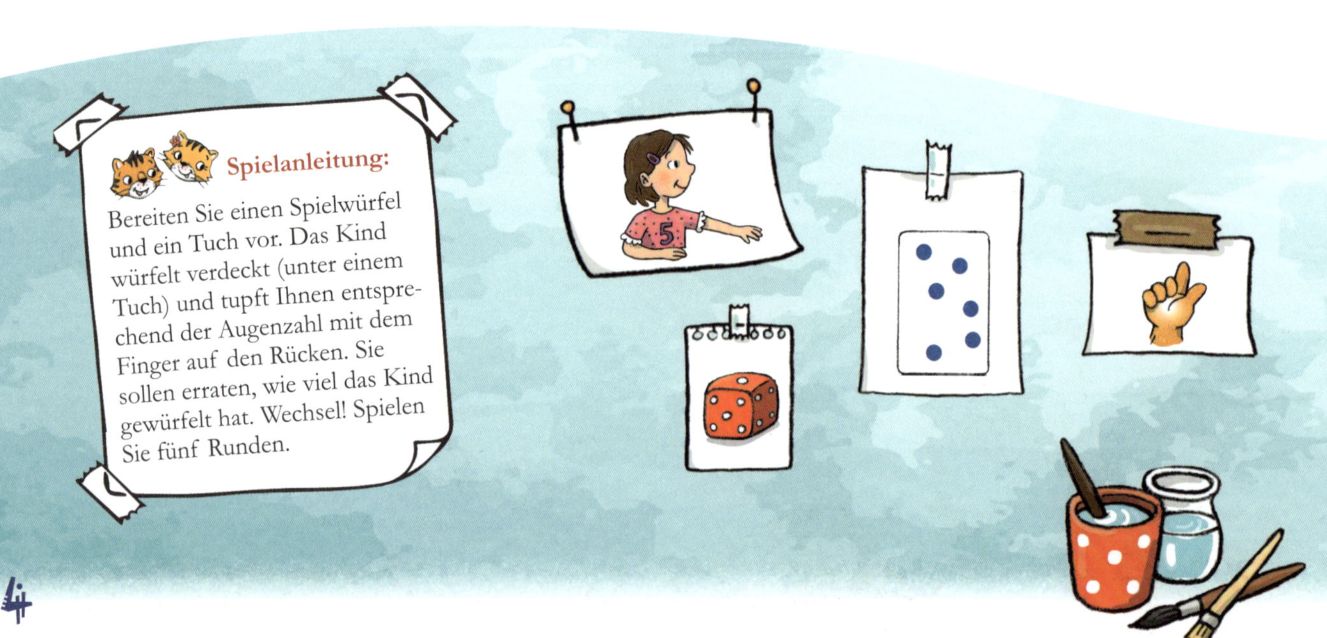

Zeichne bei jeder Kette eine Perle in deiner Lieblingsfarbe dazu und verbinde mit der richtigen Zahl! Sprich dazu!

Da wird es ja immer um **1** mehr!

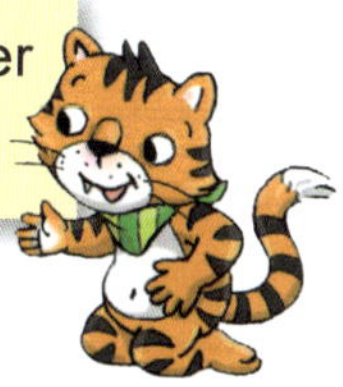

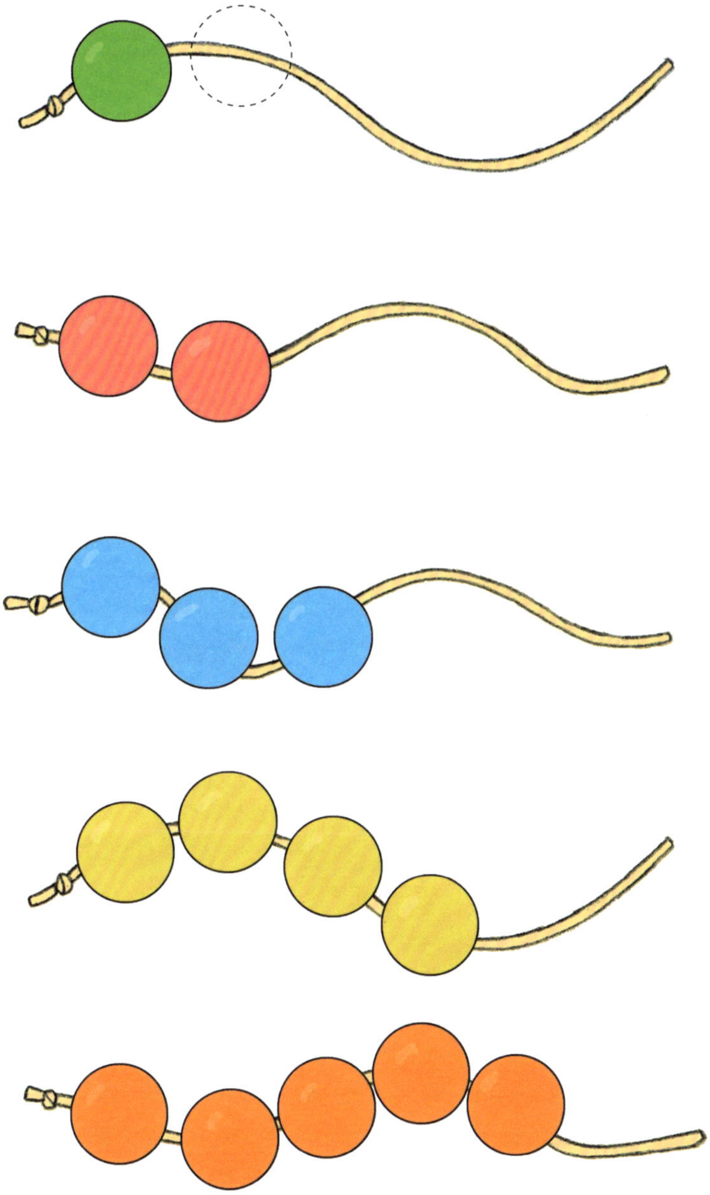

3

6

2

5

4

Bereiten Sie ca. zehn Steine oder Glasnuggets vor. Legen Sie **1** Stein davon auf den Tisch. „Wie viele Steine liegen da? Wie viele sind es, wenn du um **1** mehr haben willst?" Das Kind legt und spricht dazu.
„Du möchtest wieder um **1** mehr haben. Wie viele sind es jetzt?"
Setzen Sie die Reihe bis **6** fort (für Fortgeschrittene eventuell bis **10**)!

Du siehst hier jeweils **2** Würfeltürme nebeneinander.
Mache sie gleich hoch!
Du hast dabei **2** Möglichkeiten, sprich darüber!

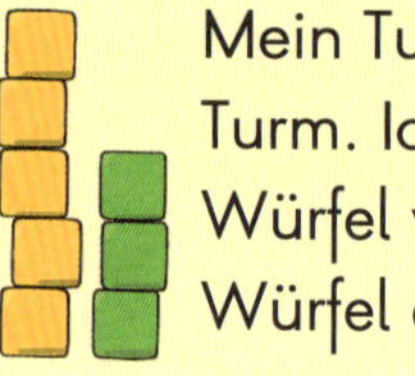

Mein Turm ist höher als Teos Turm. Ich kann entweder Würfel wegstreichen oder Würfel dazuzeichnen.

Spielanleitung:

Bereiten Sie zwei Spielwürfel und ca. 15 gleich große Bausteine vor. Beide würfeln gleichzeitig und bauen die Türme entsprechend der Augenzahl. Anschließend werden die beiden Türme verglichen. „Um wie viele Würfel ist der linke Turm höher/niedriger als der rechte? Wie kannst du beide Türme gleich hoch machen?" Lassen Sie das Kind sprechen (Bausteine wegnehmen oder dazugeben). Spielen Sie mindestens fünf Durchgänge.

Starte mit dem Spiel unten!

Beschreibe, was du siehst! Diese „Kunstwerke" haben Kinder gemacht. Kreise ein, mit wie vielen Bausteinen sie gebaut haben!

Spielanleitung:

Bereiten Sie ca. 15 Bausteine (Würfel und Quader) vor. Bauen Sie abwechselnd „Bauwerke" aus **6** bis **10** Bausteinen. Das Kind soll jeweils sagen, mit wie vielen Bausteinen gebaut wurde. Beide sollen mindestens drei Bauwerke bauen.

Auf dem Becher steht, wie viele Haselnüsse es insgesamt sind.
Ein Teil der Nüsse liegt auf dem Becher. Wie viele sind versteckt?
Zeichne die Nüsse, die du siehst, wenn du den Becher hochhebst, auf den Teller!

Pass gut auf! Manchmal sind es **6** Nüsse, manchmal sind es nur **5** Nüsse.

6

5

5

6

6

5

6

6

6

Spielanleitung:
Sie benötigen acht bis zehn Plättchen und eine kleine Schachtel. Lassen Sie das Kind **6** Plättchen in einer Reihe auflegen. Decken Sie nun immer einen Teil mit der Schachtel ab. Das Kind soll dabei kurz die Augen schließen. „Wie viele Plättchen liegen unter der Schachtel?“ Anschließend soll das Kind die Schachtel hochheben und beschreiben, was es sieht. Spielen Sie alle Möglichkeiten (**2 + 4, 5 + 1, 3 + 3** …) durch.

Starte mit dem Spiel unten!

Beschreibe, was du siehst! Bei jeder Kette rutscht **1** Perle weg.
Streiche sie durch! Wie viele bleiben übrig?
Verbinde mit der richtigen Zahl!

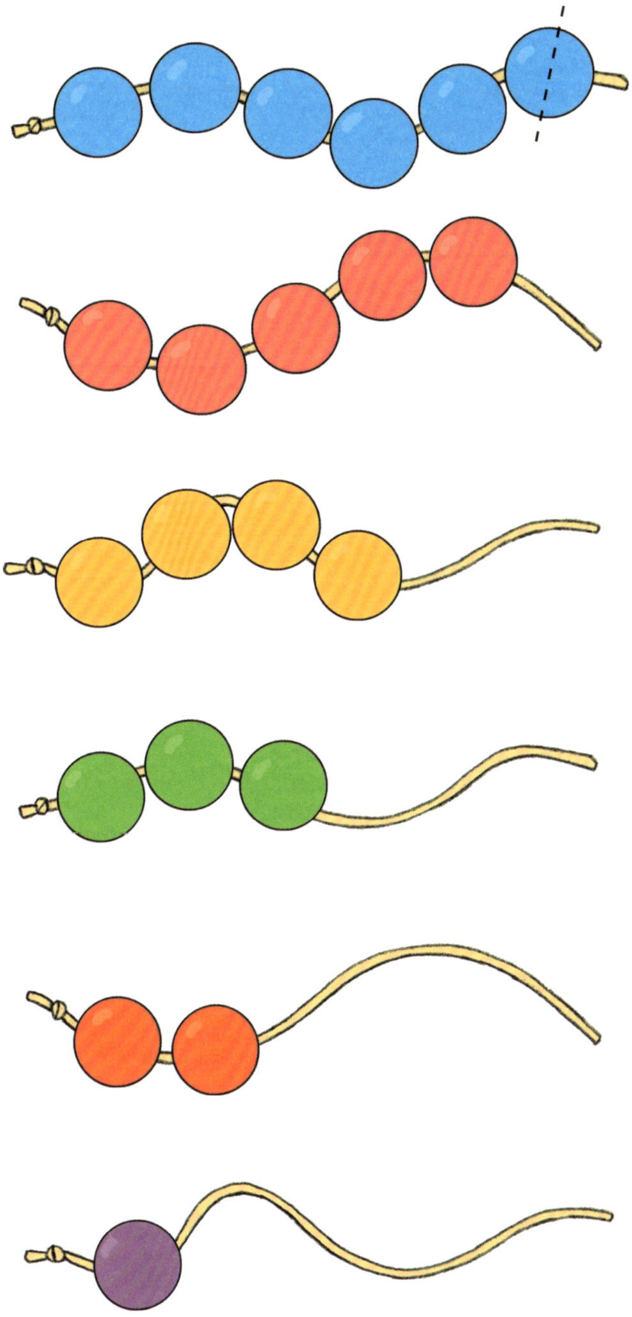

3

5

1

4

0

2

Spielanleitung:
Bereiten Sie ca. zehn Steine oder Glasnuggets vor. Lassen Sie das Kind **6** Steine in einer Reihe auf den Tisch legen. „Wie viele Steine liegen da? Wie viele sind es, wenn du um **1** weniger haben willst?“ Das Kind schiebt einen Stein weg und spricht dazu. „Nun möchtest du wieder um **1** weniger haben. Wie viele sind es jetzt?“ Setzen Sie bis **0** fort.

Starte mit dem Spiel unten!

Du siehst hier jeweils **2** Plättchenreihen untereinander. Liegen oben und unten gleich viele Plättchen? Sprich darüber! Zeichne ein lachendes Gesicht, wenn es gleich viele sind. Zeichne ein trauriges Gesicht, wenn es nicht gleich viele Plättchen sind!

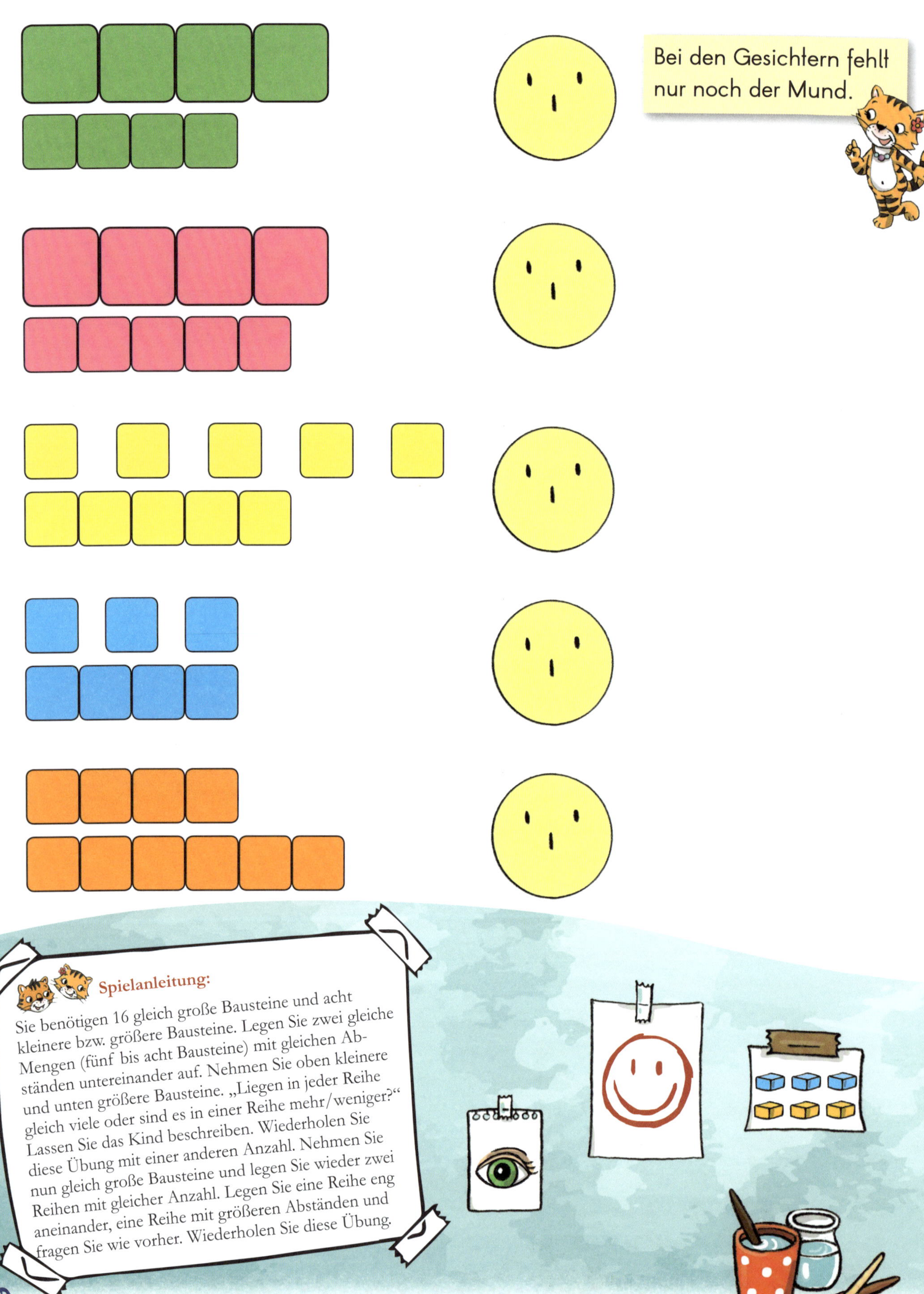

Spielanleitung:

Sie benötigen 16 gleich große Bausteine und acht kleinere bzw. größere Bausteine. Legen Sie zwei gleiche Mengen (fünf bis acht Bausteine) mit gleichen Abständen untereinander auf. Nehmen Sie oben kleinere und unten größere Bausteine. „Liegen in jeder Reihe gleich viele oder sind es in einer Reihe mehr/weniger?" Lassen Sie das Kind beschreiben. Wiederholen Sie diese Übung mit einer anderen Anzahl. Nehmen Sie nun gleich große Bausteine und legen Sie wieder zwei Reihen mit gleicher Anzahl. Legen Sie eine Reihe eng aneinander, eine Reihe mit größeren Abständen und fragen Sie wie vorher. Wiederholen Sie diese Übung.

Starte mit dem Spiel unten!

Du teilst deine Kekse gerne mit deinem Freund. Jeder soll gleich viele bekommen. Beschreibe, wie du gerecht teilst und zeichne die Kekse auf die Teller!

Ich teile meine Kekse gern mit Tia!

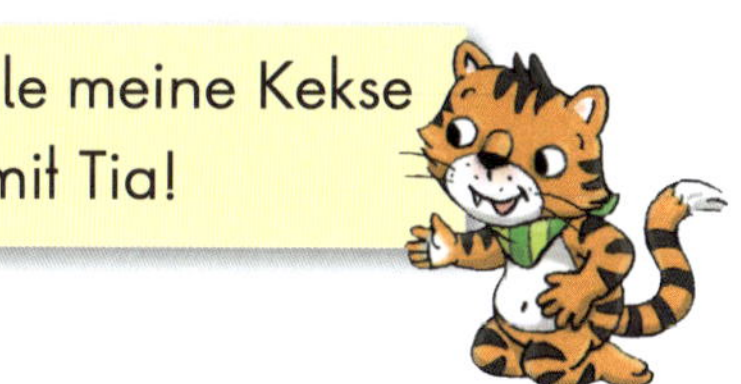

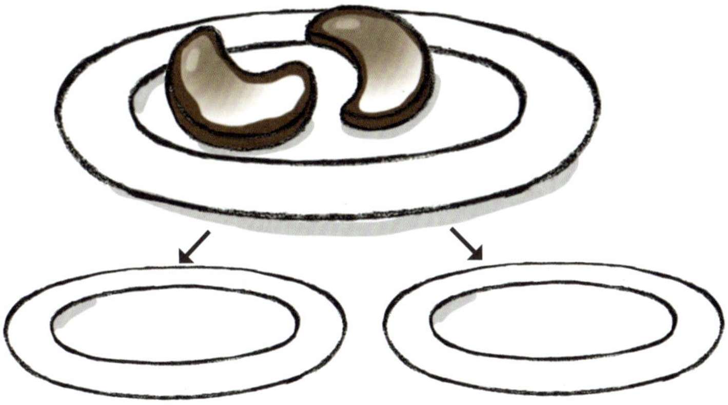

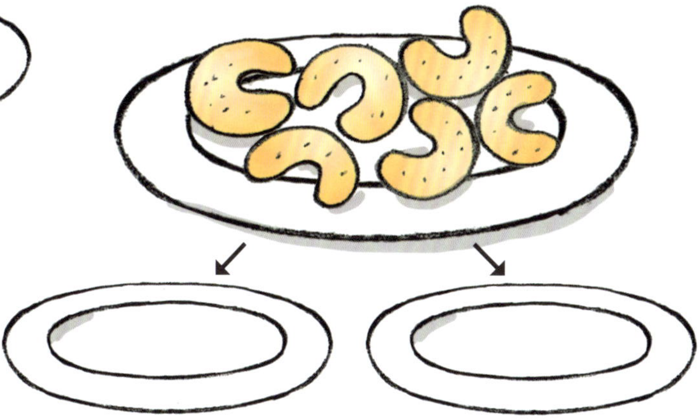

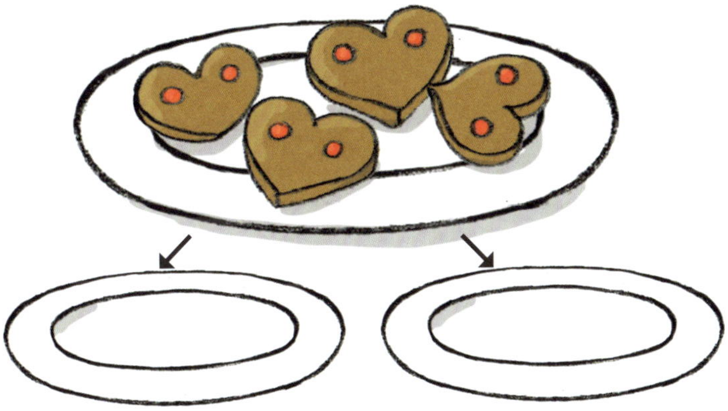

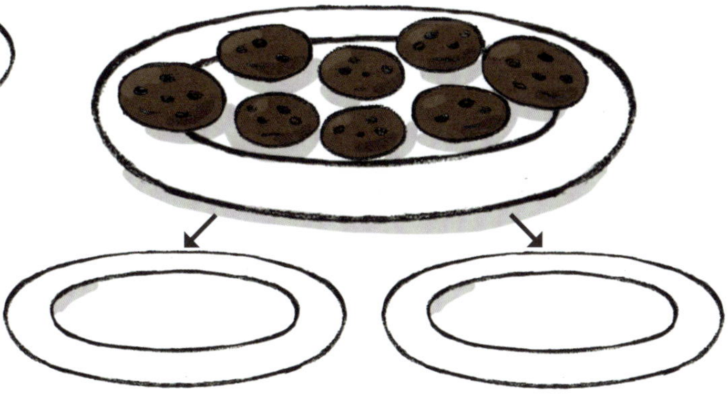

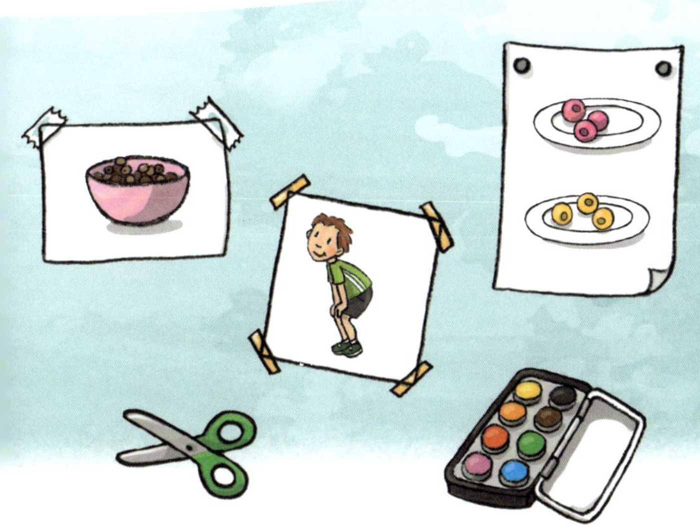

Spielanleitung:

Bereiten Sie je zehn Perlen, Würfel, Steine, Münzen … vor. Legen Sie z. B. **6** Perlen in eine Schüssel. Das Kind soll diese gerecht auf zwei Teller verteilen und dazu sprechen. Spielen Sie mindestens fünf Durchgänge (mit **2, 4, 6, 8** evtl. **10**). Helfen Sie dem Kind nur weiter, wenn es selbst zu keiner richtigen Lösung kommt.

Starte mit dem Spiel unten!

Welche Punktebilder passen zu welcher Zahl?
Beschreibe, was du siehst und verbinde richtig!

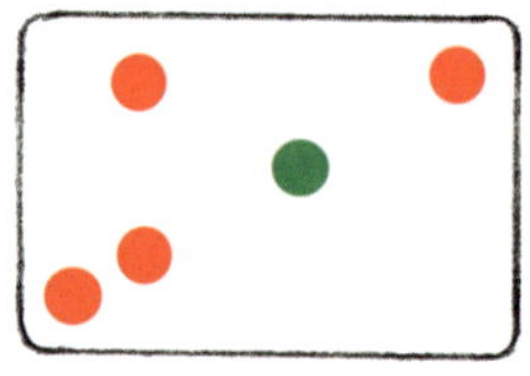

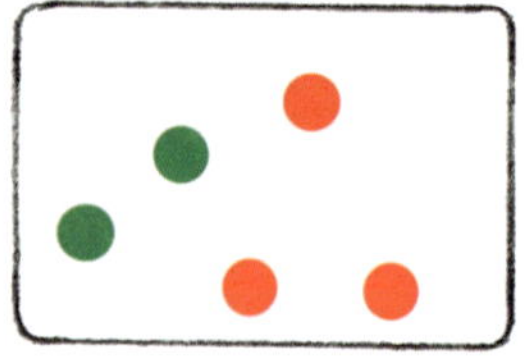

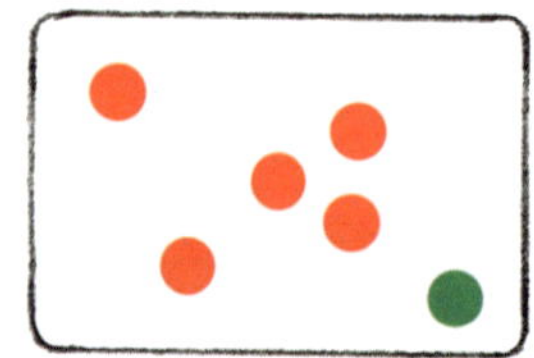

Spielanleitung:

Bereiten Sie die Punktekarten und Zahlenkarten von **1** bis **6** vor. Geben Sie dem Kind die Punktekarten und legen Sie je eine Zahlenkarte auf den Tisch. Das Kind legt die richtige Punktekarte dazu. Anschließend nimmt das Kind alle Zahlenkarten und Sie die Punktekarten. Spielen Sie wie vorher. In einem dritten Durchgang bekommt das Kind alle Karten. Geben Sie verschiedene Zeichen oder zeigen Sie die Zahl unterschiedlich vor (**3**-mal klopfen, **5**-mal klatschen, **2**-mal stampfen).
Das Kind legt beide passenden Karten auf den Tisch.

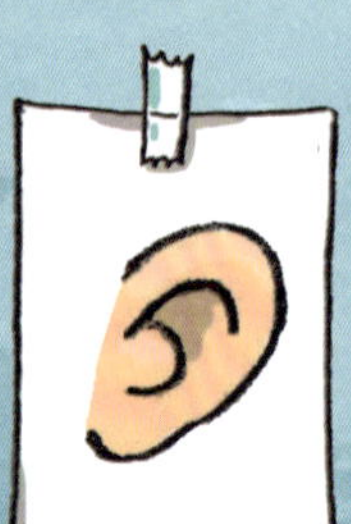

Hilf dem Hund, die Schafe zur Futterkrippe zu treiben! Du brauchst **1** Spielwürfel und **2** Kegel. Stelle die Kegel an den Start! Würfle und fahre entsprechend viele Felder vor! Achtung! Auf dem Weg liegen Hindernisse. Endet dein Zug auf einem Feld mit einem Rückwärtspfeil, musst du in der nächsten Runde die gewürfelte Augenzahl rückwärtsfahren. Würfelt abwechselnd! Gewonnen hat, wer zuerst im Ziel ist.

Das ist ein tolles Spiel! Ich spiele es mit meinen Freunden.

Spielanleitung:

Kleben Sie am Boden eine Linie mit einem breiten Klebeband auf. Das Kind soll nun nach Anweisung auf dieser Linie balancieren. „Gehe bitte **3** Schritte vorwärts, **1** Schritt rückwärts, **4** Schritte vorwärts, **2** Schritte rückwärts …“ Sie können sich auch abwechseln. Das Kind gibt die Anweisungen und kontrolliert die Anzahl und die Richtung Ihrer Schritte.

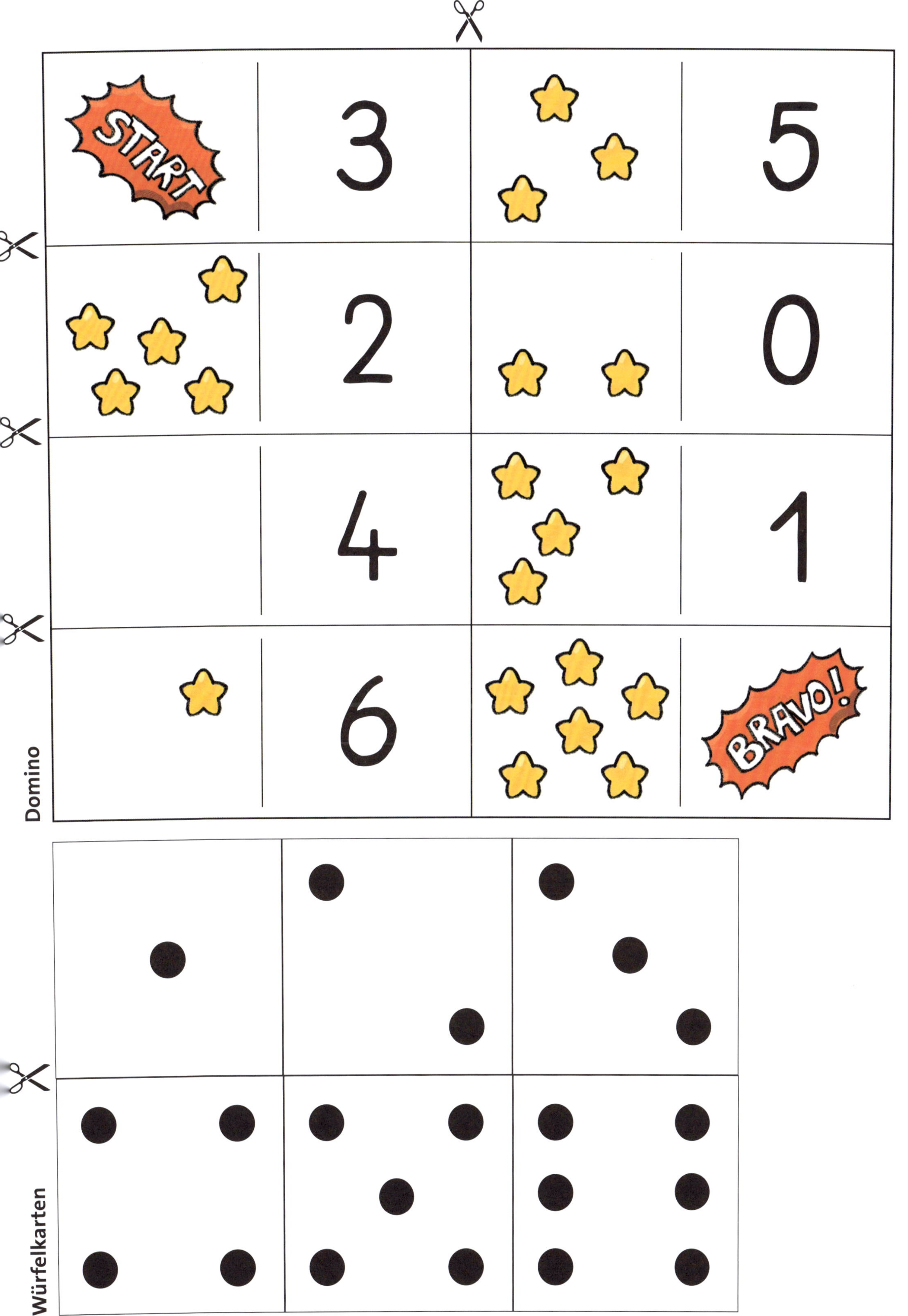
START
3
5
2
0
4
1
6
BRAVO!
Domino
Würfelkarten

Punktekarten

Zahlenkarten

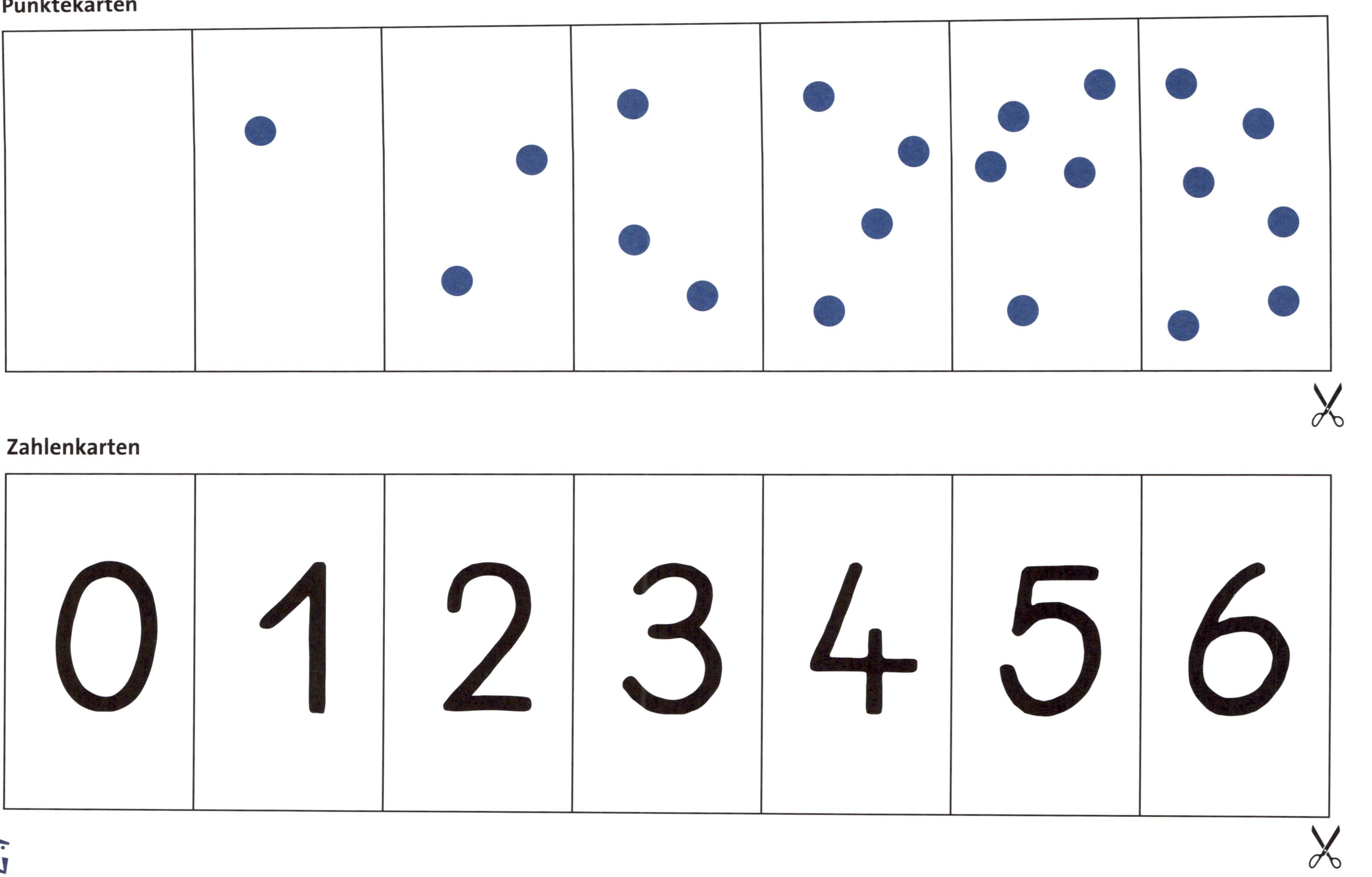